Norbert Feinäugle
Hermann Fischer

Wie dr Schwob schwätzt

Norbert Feinäugle
Hermann Fischer

Wie dr Schwob schwätzt

Reiz und Reichtum der schwäbischen Mundart

DRW-Verlag

Den Geschwistern Schittenhelm

ISBN 3-87181-537-3
2003 2. Auflage

Abbildung auf dem Einband: Skulptur von Karl Henning Seemann in der Lammpassage Tübingen; Foto: Peter Neumann
Gesamtherstellung: Karl Weinbrenner & Söhne GmbH & Co., Leinfelden-Echterdingen

Bestellnummer: 537

INHALT

VORWORT

Wo man hinschaut, entdeckt man Schwäbisches: in der Zeitung, an Plakatwänden, auf Werbezetteln und Einladungen. Und seit der Erfindung von »Äffle ond Pferdle« hat die Mundart auch im Fernsehen ihren festen Platz. Schlecht kann es also nicht bestellt sein um das Schwäbische!

Aber es gibt Leute, die sagen, nur weil die Mundart nicht mehr für alle die selbstverständliche Alltagssprache sei, könne sie, sparsam dosiert, in den genannten Bereichen Aufmerksamkeit erregen – als Kontrast zum Gewohnten! Und die vielfältigen Bemühungen um die Pflege der Mundart seien ebenso von Nostalgie und Folklorismus getragen, wie die Einrichtung von Museen aller Art in anderen Bereichen. Solchen Meinungen wird widersprechen wollen, wer viel im Land herumkommt und dabei ein offenes Ohr hat für die vielerlei Zungenschläge, die man allerorten noch hören kann. Darf man da als ein allzeit zur Versöhnung der Gegensätze geneigter Schwabe einfach sagen: *»So isch nò au' wieder!«* und *»Recht hend-r, älle boide!«?*

Man sollte schon genau hinhören: Ist dieses Werbe-, Fernseh- und Hockete-Schwäbisch noch wirklich schwäbische Mundart? Ist es nicht vielfach nur ein durch die Nase gesprochenes und mit einigen *-le* aufgeputztes Hochdeutsch – so wie das Fernseh-Platt des Ohnsorg-Theaters und das Unterhaltungs-Bairisch des Komödienstadels? Oft genug meldet sich da doch das sprachliche Empfinden des Schwaben mit einem kräftigen: *»Ha des isch doch koi' Schwäbisch!«* zu Wort. Man kann diese Feststellung sogar manchmal bei den seit fünfzehn Jahren wieder recht häufig gewordenen Lesungen schwäbischer Mundartdichter hören. Man sollte halt wissen, was Schwäbisch ist!

Sicher ist, daß sich die Mundart – ebenso wie Arbeitswelt und Brauchtum – in einem Umbruch befindet. Die neue Wertschätzung des Überlieferten, der lokalen und regionalen Eigenarten reibt sich an den unausweichlichen Anforderungen einer modernen Informationsgesellschaft, die von Mobilität und Medien geprägt wird. *»Dr oi' hebt ond dr ander läßt net fahra«* – kennzeichnet der schwäbische Volksmund ein solches Dilemma. In dieser Situation versuchen wir mit dem vorliegenden Buch, Bewahrenswertes festzuhalten, gleichzeitig aber auch zu zeigen, welche Entwicklungen im Gange sind, und was man von ihnen zu halten hat.

Ein klärendes Wort vorab: Es liegt in der Natur der Sache, daß immer dann, wenn in diesem Buch Beispiele anzuführen sind, vom einen oder anderen unter den Leserinnen und Lesern der Einwand kommen wird: »Bei uns heißt das aber anders!« – oder genauer: *»Bei aes hoaßt dees anderschd« – »Bei aos hoißt des andersch« – »Bei o's saet ma' dò iberhaupt ganz anderschd!«*

Wir sind uns der regionalen und lokalen Eigenarten durchaus bewußt. Es ist in diesem Buch oft genug davon die Rede. Aber die Beispiele müssen wir halt in einer ganz bestimmten Form aufschreiben. Damit die Vielfalt des Schwäbischen zur Geltung kommt, haben wir einmal dieser, einmal jener regionalen Variante den Vorzug gegeben und die Gedichte und Geschichten anderer Autoren entsprechend ausgewählt. Diesen haben wir ihre jeweilige Schreibung belassen, auch wo sie von der von uns benutzten beträchtlich abweicht – es gibt ja keine normierte schwäbische Schreibung, und jeder Autor drückt in seiner Schreibweise auch seine Auffassung von Mundart aus.

Wir haben uns bemüht, soweit wie möglich das aus der Hochsprache vertraute Schriftbild beizubehalten, um das Lesen zu erleichtern. Wir schreiben also zum Beispiel *gea* (geben), aber *gseha* (gesehen). An zusätzlichen Zeichen wird dem Leser nur folgendes zugemutet:

1. Das dunkle, offene *o* wird *ò* geschrieben. Es muß bezeichnet werden, weil im Schwäbischen der Unterschied zwischen *du gòhsch* (du gehst) und *Gosch* (Mund), zwischen *nò* (dann), *no* (nur) und *noh* (noch) wichtig ist.

2. Ein ausgefallenes *n* oder *m* wird durch ' bezeichnet, da es nicht spurlos verschwunden ist, sondern zur Näselung des Selbstlautes geführt hat. Zwischen *a'macha* und *amacha* (abmachen) ist ein deutlicher Unterschied zu hören. Gelegentlich wird ' auch für die Verkürzung der Vorsilbe *ge-* verwendet, wo es zur Verdeutlichung angebracht erscheint, z.B. in *g'leidet* (geläutet).

Schließlich haben wir unsere Beispiele auch nicht immer auf der gleichen Ebene der Mundart angesetzt. Bei aller Freude am vollen, kräftigen Klang der Grundmundart haben wir, wo es vertretbar war, da und dort auch gemäßigte mundartliche Formen verwendet, um das Lesen zu erleichtern. Im übrigen sagen wir: *»Brauchet s g'sond«*

E Spatz des ischt koa Dischtelfenk

Woran man den Schwaben erkennt.
Wie weit das Schwäbische geht.
Welche Arten von Schwäbisch es gibt.

Wie dr Schwob schwätzt

Auf jeden Fall: anders. Das ist das einzige, was sich so allgemein sagen läßt. Denn welcher Schwabe hat es nicht schon selbst erlebt, wenn er seine angestammte Mundart sprach, daß er von einem Mitschwaben kritisiert wurde mit den Worten: *Des isch doch koe Schwäbisch!* oder vorsichtiger: *Mir saget dò aber so...!* Schwäbisch ist für jeden Schwaben zuerst einmal das, was er selbst spricht. Aber er weiß natürlich auch, daß die Bewohner des nächsten Dorfs ihre Spracheigentümlichkeiten haben (und nicht selten sind diese Gegenstand von Ortsneckereien). Er weiß auch, daß er sich in Stuttgart oder Ulm unter Umständen mit seinem Alb- oder Gäuschwäbisch schon recht fremd fühlen kann.

Auf der anderen Seite spielen diese Unterschiede offenbar keine Rolle, wenn einem im Ausland – sagen wir in New York, im Rheinland oder sogar schon in Freiburg – unvermutet Schwäbisches ans Ohr dringt. Die »Heimatklänge« lassen das Herz höher schlagen. Demnach gibt es Gemeinsamkeiten, die deutlich stärker sind als die Unterschiede, und sie gilt es herauszufinden, wenn man wissen möchte, *»wie dr Schwòb schwätzt«*.

»Anders« ist das Schwäbische natürlich vor allem im Vergleich mit der Hochsprache – sonst wäre es ja keine Mundart. Aber auch da hört nicht jeder das gleiche.

Ein bekannter Tübinger Professor erzählt gern folgende Anekdote: Vor einigen Jahren habe er in Norddeutschland einen Vortrag gehalten – natürlich in seinem besten Professorenhochdeutsch. Nach dem Vortrag sei eine Dame auf ihn zugekommen und habe mit entzücktem Augenaufschlag kundgetan: »Ach, Herr Professor, ich höre Ihr Schwäbisch ja so gern!«

Auf der anderen Seite ist auch das nicht ungewöhnlich: Ein oberschwäbischer Rektor gab kürzlich im Gespräch auf die Frage, wie er denn im Unterricht mit den Schülern spreche, zur Antwort: *»Ha so wie jetz, hochdeitsch nadierlich!«*

»Wie dr Schwòb schwätzt« – das wird ihm selbst erst dann so richtig bewußt, wenn er sich bemühen muß, Hochsprache zu sprechen, oder wenn er sich Sprechern anderer Mundarten verständlich zu machen sucht, aber nicht zuletzt auch in der Abgrenzung gegen andere Schwaben, insbesondere gegen die in seiner näheren Umgebung.

Diese dreifache Abgrenzung soll deshalb auch im folgenden immer wieder als Weg zu der Erkenntnis dienen, was denn nun das Schwäbische »anders« und eigen macht.

Dazu sollte man zuerst einmal wissen, was denn als »Schwäbisch« gelten soll. Ein Schwabe wird hier kein Problem sehen können. Für ihn ist klar: Schwäbisch ist, wie ein Schwabe spricht. Wer aber ist ein Schwabe? Da gehen die Meinungen auseinander. Für die Elsässer und die Schweizer sind *»Schwòba«* einfach diejenigen auf der anderen Seite des Rheins. Jeder echte Schwabe sieht natürlich ein, daß man sich nicht solcherart mit den Badenern in einen Topf werfen lassen kann, obwohl sich historische Argumente dafür finden ließen, wenn man weit genug zurückgeht.

Man kann die Schwaben von den Sueben, einem germanischen Stamm, herleiten, aber was hilft das beim Versuch, einen Schwaben von heute zu erkennen? Auch die Berufung auf das mittelalterliche Herzogtum Schwaben ist keine Lösung, da man dann konsequenterweise auch die Schweizer und Elsässer als Schwaben gelten lassen müßte, reichte doch dieses Herzogtum bis zu den Vogesen und bis zum St. Gotthard.

Fremdenverkehr und Folklorismus scheinen weniger Probleme zu haben, wenn sie vom »Schwabenländle« sprechen. Sie meinen damit meistens eine nicht näher definierte Region rund um die »Schwabenmetropole« Stuttgart herum. Für die Betrachtung der schwäbischen Mundart ist diese Perspektive jedoch zu eng, wie man schon an der Herkunft der berühmten »Sieben Schwaben« sehen kann. Der *Seehas* stammte nämlich aus Überlingen; der *Nestelschwab* wurde in Freiburg im Breisgau aufgelesen, obwohl man bei ihm gar nicht genau angeben konnte, was für ein Landsmann er war; den *Gelbfüßler* traf man in Bopfingen, den *Knöpflesschwab* im Ries, den *Blitzschwab* auf dem Lechfeld, den *Spiegelschwab* schließlich in Memmingen, und beim *Allgäuer* braucht über die Herkunft nichts weiter gesagt zu werden. Wie man sieht, war ausgerechnet aus dem »Schwabenländle« im oben erwähnten Sinn keiner dabei!

Vielleicht mußt man sich eingestehen, daß eine geographische oder politische Grenzziehung heute ohnehin nur noch von begrenztem Wert ist, wenn man feststellen will, wo Schwaben zu finden sind. Das kann jeder Gang über die Stuttgarter Königstraße alsbald vor Augen – oder besser: vor Ohren – führen. Sebastian Blau hat diesen Tatbestand in seinem Gedicht *»Dr letzt Schwob«* mit grimmigem Humor drastisch dargestellt:

Dr letzt Schwob

Älle Völker ka' ma' haöre'.
Leut vo' älle Stemm ond Städt,
älle Sproche' — außer mei're':
Schwäbisch haört ma' z Stuaget et.

Jugoslafisch, Italienisch,
Spanisch, Türkisch weit ond broat,
ond Arabisch, Griachisch, Jenisch,
aber Schwäbisch? et e' Woat.

Pommrisch, Böhmisch, Plattdeutsch,
ond Berlinisch überlaut, [Schlesisch,
s wuud en Bälde mit Chinesisch
s Schwäbisch vollzger ganz versaut.

Ond natürlich haört ma' Preußisch,
*aber Schwäbisch? kaum vom Klett,**
höchstens Honrazjore'-Heussisch,
aber des machts Kraut et fett.

S wuud sogar auf Suaheli
ond uf Bantu kauderwelscht —
aber morom führ ond zehl i
älles uf, was d Sproch verfälscht,

wemma' schao', was Send ond Schad isch,
dobe', mo ma'-n-aos regiert,
*nemme schwäbisch, nao noh badisch**
mitenander dischkeriert?

Ist dann ao'ser Sproch verbotte'
oder s Schwäbisch so verstaubt,
alt ond rostig zum Verschrotte'?
Geits noh Schwobe' überhaupt?

S treibt me drom schao' lang d Idee om:
beißt dr Blau emol ens Gras,
stellt ma'-n ausbälgt ens Museom
als de' letzte' — henter Glas.

Sebastian Blau

*Der Hinweis sei gestattet, daß dieses Gedicht zur Zeit des Oberbürgermeisters Klett und des Ministerpräsidenten Filbinger entstanden ist.

Gewiß, die Mehrzahl machen immer noch diejenigen aus, die »seit jeher« im Ländle saßen, und die Auslandsschwaben, die »Brüder über dem Meer«, deren Spuren Karl Götz seinerzeit nachgegangen ist, werden ihren Ursprung auch irgendwo zwischen dem Allgäu und dem Asperg, zwischen dem Schwarzwald und dem Ries finden können. Aber auf die Frage, wer heute, hier und jetzt als Schwabe gelten kann, gibt es keine bessere Auskunft als die, mit der Thaddäus Troll vor über zwanzig Jahren das erste Kapitel seines Buchs »Deutschland deine Schwaben« überschrieben hat: »Schwab ist, wer schwäbisch spricht«. Da haben wir's.

Es führt also gar kein Weg daran vorbei, nach den Merkmalen zu fragen, die als »typisch schwäbisch« gelten können. Dabei wollen wir ausnahmsweise die oft beschworenen »Stammeseigenschaften« wie Sparsamkeit, Gemüt, Ehrlichkeit usw. beiseite lassen und uns streng an unser Thema halten: *»wie dr Schwòb schwätzt«.*

Koi' Zweifel – an Schwob

Sebastian Blau berichtete einst von einem Professor aus Stuttgart, der in Frankfurt mit einigen Fremden an einer Wirtshaustafel saß und sich nach einiger Zeit auch an der Unterhaltung beteiligte. Sein Nachbar wandte sich sogleich, mehr feststellend als fragend, an ihn: »Sie sind Schwabe,«, worauf der Professor erwiderte: *»Ja freilich. Aber jetzt saget se mer bloß, an was habet se des gmerkt?«* Sehr wahrscheinlich würde ein Professor heute in der gegebenen Situation nicht mehr so offenkundig *»schwäbla«.* Aber ebenso wahrscheinlich ist, daß er trotzdem als Schwabe erkannt würde – und wohl genauso überrascht wäre über diesen Umstand. Die Frage, weshalb viele Schwaben sich in einer solchen Situation auf peinliche Weise ertappt fühlen, soll hier nicht erörtert werden, wohl aber die Frage des Professors: *»An was habet se des gmerkt?«*

Wenn Schwaben »Hochdeutsch«, also Hochsprache sprechen, weist ihre Aussprache in aller Regel eines oder mehrere der folgenden Merkmale auf:

- Die Mitlaute p, t, k werden weich artikuliert, so daß vielfach kaum ein Unterschied zu b, d, g zu hören ist – erfahrene Chorleiter wissen ein Lied davon zu singen. *»Leider habe ich die Leider nicht dabei«*, sagte der Elektriker...
- Die Selbstlaute vor, gelegentlich auch nach *n* und *m* werden mehr oder weniger stark durch die Nase gesprochen. Am auffälligsten ist das bei den Vorsilben *un-* und *an-*, die außerdem gedehnt werden: *ein uhnahngenehmer Ahnblick...*
- Die Zwielaute in Wörtern wie *Leib* und *Haus* werden geschlossener ausgesprochen als diejenigen in *Laib* und *Rauch; der Feige* und *die Feige* sind so im Klang deutlich zu unterscheiden.

- Selbstlaute werden oft kurz gesprochen, wo sie in der Hochsprache lang sein sollten, und umgekehrt. So sprechen zum Beispiel viele Schwaben *Schwert* und *Erde* mit kurzem und offenem *e*, während die Hochsprache ein langes, geschlossenes verlangt; *gibt* geht ihnen mit langem *i* nur schwer über die Zunge, und noch heute erinnere ich mich, wie wenig es mich überzeugte, als mein Lehrer in der Grundschule mich ermahnte, »ziemlich« mit *ie* zu schreiben, das ich nach meiner Aussprache ohne Zögern mit *mm* geschrieben hatte.

- Ein stimmhaftes *s* steht dem Schwaben ursprünglich ebenso wenig zur Verfügung wie seinen süddeutschen Stammesnachbarn. Wenn er in ein Lokal geht, eine *Weiße* bestellt und die Kapelle bittet, eine flotte *Weise* zu spielen, dann klingen die beiden Wörter völlig gleich, und *saure Sahne* kauft er, ohne das Anfangs-*s* stimmhaft zu säuseln. *Reisen* und *reißen* hält er aber trotzdem auseinander – nämlich durch unterschiedliche *ei*-Laute!
- Schließlich hat das Schwäbische eine eigene Satzmelodie, die im allgemeinen unwillkürlich auf die Hochsprache übertragen wird und oft noch durchschlägt, wenn Schwaben eine Fremdsprache sprechen.

Wohlgemerkt: von dem Schwäbischen als Mundart war bis jetzt noch gar nicht die Rede. Die aufgezählten Merkmale verraten den Schwaben, wenn er »Hochdeutsch« spricht. Sie beeinträchtigen die Verständigung mit Nichtschwaben gar nicht oder höchstens minimal. Sie wiegen keineswegs schwerer als die regionalen Färbungen, die man auch bei den meisten norddeutschen Sprechern heraushören kann. Aber mancher Schwabe fühlt sich eben, wenn man ihn darauf anspricht, ertappt wie ein Musterschüler, der seine Hausaufgaben nicht gemacht hat. Man hat oft darüber spekuliert und geschrieben, wie es zu diesem »schwäbischen Trauma« komme. Angeboren oder »stammeseigentümlich« ist es sicher nicht, wie die hübsche Anekdote zeigt, die Karl Götz in seinem Buch »Schwäbisch von A bis Z« erzählt hat:

Paul Wilhelm Keller:
»Der Maler und sein Modell« (1883)

Einer unserer bekanntesten Maler stand wieder einmal vor seiner Staffelei an einem Feldweg bei Billensbach, wo er wohnt. Als die Schule aus war, wuselte es um ihn her bald wieder von Buben und Mädchen, die auf dem Heimweg in den Nachbarweiler Jettenbach waren, und er hatte seinen freundlichen Spaß mit ihnen. Er kannte die meisten von ihnen an ihren Borstenfrisuren und ihren Pausbacken, am Klang ihrer Stimme und an ihrer breiten, bisweilen holprigen und langsamen herben Mundart. Um so mehr fiel ihm ein zartes blondes Mädchen auf, das etwas abseits stand und mit großen, hellen Augen seiner Malerei zusah. »Du bist aber nicht von hier?« fragte er sie. Nein, sie sei von Düsseldorf, sagte sie und erzählte ungeniert und munter in reinstem Schriftdeutsch und in einer schönen Art, wie sie nach Jettenbach gekommen sei und dergleichen mehr. »Drum, ich habe doch gleich gehört, daß du nicht von Jettenbach bist.« Dann fragte er einen der Jettenbacher Buben, ob sie in der Schule noch mehr Kinder von wo anders her hätten. *»Jo«*, sagte da einer, *»mir hent no mai, wo et reacht schwätza könnet.«*

Der »schwäbische Minderwertigkeitskomplex« ist ein Stück weit anerzogen, ein Stück weit das Ergebnis der Einschüchterung durch schnellzüngige Norddeutsche. Mitgespielt hat aber sicher auch das Stereotyp vom »einfältigen Schwaben«, das seit dem 15. Jahrhundert im ganzen Reich verbreitet wurde und auch heute noch dann und wann durch Fernsehserien geistert. Das selbstbewußte Vorzeigen der »schwäbischen Dichter und

Denker, Tüftler und Erfinder«, das Auftrumpfen mit »Musterländle« und »Modell deutscher Möglichkeiten« sind – bei allem berechtigten Stolz – doch auch immer ein bißchen Kompensationsversuche.

Deshalb muß hier zum Trost ganz deutlich gesagt werden, daß auch Sprecher anderer Mundarten der Meinung sind, sie würden ihrer Sprache wegen belächelt und nicht ernst genommen. Nur die Bayern scheinen ganz immun gegen solche Ängste zu sein. Sicher hat das etwas mit dem Selbstwußtsein zu tun.

Auf keinen Fall sollte man sich jenen Schwaben zum Vorbild nehmen, der einmal in Köln zum Beichten ging. Vor lauter Scham brachte er nichts heraus. Der Beichtvater redete ihm gut zu, bezweifelte, daß seine Sünden wirklich so außerordentlich und unaussprechlich seien, und stellte ihm die Barmherzigkeit Gottes vor Augen. Da würgte unser Landsmann endlich heraus: *»I ben a Schwob…«* – worauf der Beichtvater zuerst ein Weilchen schwieg und dann die tröstliche Antwort gab: »En Sünd is dat aber nit, höchstens en Schand!«

Inzwischen scheint es ja mit dem Selbstbewußtsein der Schwaben wieder besser geworden zu sein, wenn man nach den Autoaufklebern urteilen darf, die seit einigen Jahren immer wieder zu sehen sind:

Eigentlich ist es ja ziemlich unschwäbisch, so offen sein Fähnchen zu schwenken. Früher wenigstens schrieb man den Schwaben die Neigung zu, von dem, was man hatte, war und tat möglichst wenig nach außen kundzutun. Der oft zu hörende Satz: *Ha ma' isch dòch net hehlenga auf dr Welt!* diente dem Schwaben nur dazu, sich selbst Mut zu machen zu einem Verhalten, das ihm wesensfremd war. Aber die Zeiten haben sich geändert. Man zeigt, was man hat. Wer die Frage des Aufklebers guten Gewissens mit »ja« beantworten will, muß allerdings einiges mehr aufweisen können als die oben aufgezählten Ausspracheeigenheiten. Zum Beispiel mundartlichen Wortschatz und mundartliche Grammatik. Davon wird noch ausgiebig die Rede sein. Dennoch ist es zuallererst der Klang, woran man eine Mundart erkennt.

Schwätz net so broitdatschet!

ist eine auch heute noch da und dort zu hörende Ermahnung wohlmeinender schwäbischer Mütter an ihre Kinder, wenn diese ausgeprägter Mundart sprechen, als es bei ihnen zu Hause sonst üblich ist. So fraglich das hinter dieser Ermahnung stehende erzieherische Konzept ist, so treffend ist *broitdatschet* als knappe und bündige Charakterisierung der schwäbischen Grundmundart. »Breitgetreten, plattgedrückt« heißt *broitdatschet.* Was ist damit gemeint? – Zweifellos zum Beispiel ein Satz wie dieser: *Haet haon-e schao gar koa Luschd maeh!*

Wenn die Mutter mit ihrer Ermahnung Erfolg hat, wird dieser in breitestem Westschwäbisch geäußerte Satz inskünftig in einem gemäßigten Allgemeinschwäbisch etwa so klingen: *Heit han-e scho' gar koi' Luschd meh!*

Der Vergleich zeigt, was mit »breit« im einzelnen gemeint sein dürfte: die übermäßige Öffnung der Selbstlaute. Die einfachen Laute sind zum Zwielaut gespalten: *hao, schao, maeh,* die Zwielaute ihrerseits sind so weit wie möglich geöffnet: *haet, koa.* Wir haben damit einen hervorstechenden Zug des Schwäbischen im Blick. Die ausgeprägten Zwielaute sind nicht nur für das Klangbild des Schwäbischen charakteristisch, sie verlangsamen auch das Sprechtempo und lassen den Eindruck einer gewissen Behäbigkeit entstehen, zumal das Schwäbische, wie das Alemannische und das Bairische auch, außerdem die alten Zwielaute der mittelhochdeutschen Sprache beibehalten hat, die in der Hochsprache spätestens seit Luthers Zeiten als einfache Laute erscheinen: *Wia, Muader, bisch miad? Dò isch an Stuahl!* (Wie, Mutter, bist du müde? Da ist ein Stuhl!)

Mit den Nachbarmundarten (und mit vielen anderen außerdem) hat das Schwäbische auch gemeinsam, daß es die sogenannten gerundeten Selbstlaute nicht kennt, so daß *Tier* und *Tür, First* und *Fürst* nicht auseinanderzuhalten sind und der *Kenner* und der *Könner* sich nicht unterscheiden. Dennoch kommt es in der Mundart nicht ständig zu Verwechslungen, wie die Parodisten glauben machen wollen, die uns mit konstruierten Beispielen vor Augen stellen, »Was die Vielen *fihlen* (fühlen), die an den Fahrkartenautomaten lesen *missen,* wie sie eine Karte *lesen* (lesen) *missen«.* In der Mundart werden nämlich in vielen Fällen ganz andere Wörter verwendet, oder es spielen noch andere Lautregeln mit herein, so daß nur selten ein echter Gleichklang vorliegt. Freilich kann es schon einmal zu Mißverständnissen kommen, wie in der folgenden kleinen Anekdote:

> Es ging auf Weihnachten zu. Im Kindergarten wurden fleißig Weihnachtslieder geübt und Geschenke gebastelt. Kurz vor dem Fest durften die Vorschulkinder auch noch ein Krippenbild malen. Ein Mädchen war besonders eifrig, und bald konnte sie der Erzieherin voll Stolz ihr fertiges Bild zeigen. Diese konnte auch gut erkennen, was da gemalt war: Maria und Josef, beide schön bunt, dazwischen die Krippe – »und was ist das Rote da außen herum?« fragte sie. *»Ha, des send doch die redlichen Hirten!«* sagte das Mädchen, sichtlich enttäuscht, daß die Erzieherin das vermeintlich so Offenkundige nicht sofort erkannt hatte.

Typisch für das Klangbild des Schwäbischen ist ferner die Aussprache des langen *a* als langes, offenes *o* (im Ostschwäbischen als *ao),* das in diesem Buch als *ò* wiedergegeben wird: *Dò hòt dr Nòchber seine Schòf ghet.* (Da hat der Nachbar seine Schafe gehabt.)

Schließlich muß als schwäbische Besonderheit noch die Senkung von *i* zu *e* und von *u* zu *o* vor nachfolgendem Nasal *(n* oder *m)* erwähnt werden. Keine der benachbarten Mundarten kennt diese Eigenart. Sie gilt allerdings auch innerhalb des Schwäbischen selbst im großen und ganzen nur im Altwürttembergischen, das heißt, im nördlichen Teil des schwäbischen Gebiets. Dort *sengt ma' em Gsangverei' ond trenkt hentadrei' a Viertele en ra gmiatlicha Boiz – ond oms Nomgucka isch es Zwelfe!* Natürlich gibt eine solche Besonderheit Anlaß zu allerlei Neckereien und Wortspielereien wie: *Du ka'sch deam kranka Ma' doch koin so fetta Schenka schenka!* oder *Zwischa Dag ond Donkel gang i zo mei'm Onkel!* Aber auch gröbere Späße sind im Schwange, zum Beispiel der folgende Büroscherz:

Ein flotter Angestellter steckt sich eine Zigarettenpackung der Marke »Kent« in die Tasche und geht zu einer der jüngeren Mitarbeiterinnen hin. Nach kurzer Unterhaltung fragt er unvermittelt: *»Frailein, möchtet Sie gern a Kend vo mir?«* Bevor sie allzu heftig reagieren kann, hält er ihr mit gespielter Harmlosigkeit die Zigarettenpackung hin.

Dieser Scherz hätte aber zumindest früher auch im schwäbischen Kernbereich nicht überall geklappt, denn in der ursprünglichen Mundart sind *n* und *m* weitgehend geschwunden unter Nasalierung des vorausgehenden Selbstlauts, in den sie sozusagen »hineingeschlüpft« sind. So lautet »Kind« im Ostschwäbischen heute noch *Ke'd.* Die so entstandenen Näsellaute sind für das Schwäbische so charakteristisch, daß man sie laut Karl Haag »gern als seine Krönung ansieht«. Ob er das angesichts der von ihm angeführten Beispiele *Zai's* (Zins), *Stro'pf* (Strumpf) und *Ho'd* (Hund) nicht vielleicht ironisch gemeint haben könnte, bleibe dahingestellt. Nicht von ungefähr behauptet mancher Schwabe von sich: *»I ka' drei Spròcha: Schwäbisch, Hochdeitsch ond durch d Nòs!«* Und Friedrich E. Vogt, einer der wichtigsten schwäbischen Mundartautoren der Nachkriegszeit, hat der »Schwäbischen Nasalitis« ein eigenes Gedicht gewidmet, in dem er allerdings nur die sehr sanfte neckarschwäbisch-städtische Ausprägung vorstellt:

Schwäbische Nasalitis

Uf ema o'a'gnehm
grea' a'gstrichena
A'läglesbänkle
en dr o'a'gnehm
knallicha
Sommerhitz sitza,
ema o'a'gnehm enga
A'zügle schwitza,
desdrwega bei sei'm A'hang
em A'bandla abblitza:
Wenn a sottigs O'gmach
über oi'n käm,
des wär oi'm
o'gemei'
o'a'gnehm

Friedrich E. Vogt

Ein bißchen kompliziert wird es mit den Regeln der schwäbischen Lautung, wenn mehrere Prinzipien zusammentreffen, zum Beispiel die Entrundung und die Senkung: *ü* wird als *i* gesprochen und als solches vor *n* zu *e*, so daß »zünden« im Schwäbischen *zenda* lautet und der junge Schiller unbefangen *Menschen* auf *Wünschen* reimen konnte. Auch die berüchtigte »Näsel-Zweiung« könnte man so als eine Entwicklung in drei Schritten erklären, durch die in manchen Gegenden aus »Zins« *Zaes* wurde, aus »fünf« *fae'f* und gar aus »Trunk« *Trau'k* – das aber, wie gesagt, nicht überall! Heute sind diese ganz »breiten« Aussprachen kaum mehr irgendwo zu hören – vielleicht wurden die eingangs zitierten Ermahnungen zu sehr beherzigt!

Von Rottweil bis zum Ries, von Ludwigsburg bis Neuschwanstein

so könnte man, stark vereinfachend, auf die Frage nach dem Geltungsbereich des Schwäbischen antworten. Eingegrenzt wird er durch das Alemannische im Westen und Südwesten, das Bairische (als Mundartbezeichnung immer mit *i* geschrieben!) im Südosten und Osten, das Fränkische im Norden. Dadurch ergibt sich als schwäbisches Gebiet ein stark eingebeulter Kreis, der von Leonberg über Marbach a. N., Backnang, Ellwangen, Neresheim, Dillingen, Augsburg, Landsberg, Schongau, Füssen, Reutte, Immenstadt, Leutkirch, Waldsee, Tuttlingen, Rottweil, nach Freudenstadt verläuft und von dort wieder nach Leonberg, wobei die genannten Orte jeweils noch innerhalb des Schwäbischen liegen.

Was nach dieser Beschreibung wie eine klare und exakte Grenzziehung klingt, gibt allerdings nur ein sehr ungefähres Bild von der sprachlichen Wirklichkeit. Schon bei den vorher aufgeführten Merkmalen des Schwäbischen ergeben sich teils hier, teils da Übereinstimmungen mit den Nachbarmundarten, und die Übergänge von der einen Sprachlandschaft in die andere sind bis auf wenige Grenzstriche fließend. Die Mundartforschung hat deshalb in der Regel einzelne besonders auffallende Aussprachemerkmale herausgegriffen und nach deren Vorkommen die »Grenzen« festgestellt. Diese Grenzen sind im übrigen in unserem Jahrhundert, vor allem in den letzten Jahrzehnten, wieder in Bewegung geraten. So ist anzunehmen, daß der gegenwärtig in Freiburg entstehende »Südwestdeutsche Sprachatlas« zu etwas anderen Grenzverläufen kommen wird, als sie hier nach den Ergebnissen der Mundartforschung der ersten Jahrhunderthälfte angegeben werden können.

Welche sind nun die Kriterien, nach denen man zu einer klaren Abgrenzung zwischen den großen Mundartlandschaften kommen kann? In unserem Gebiet hat es sich als besonders ergiebig erwiesen, danach zu fragen, was in der jeweiligen Mundart aus dem langen *i* und *u* des mittelalterlichen Deutsch geworden ist. Und so ist es inzwischen allgemein üblich geworden, überall

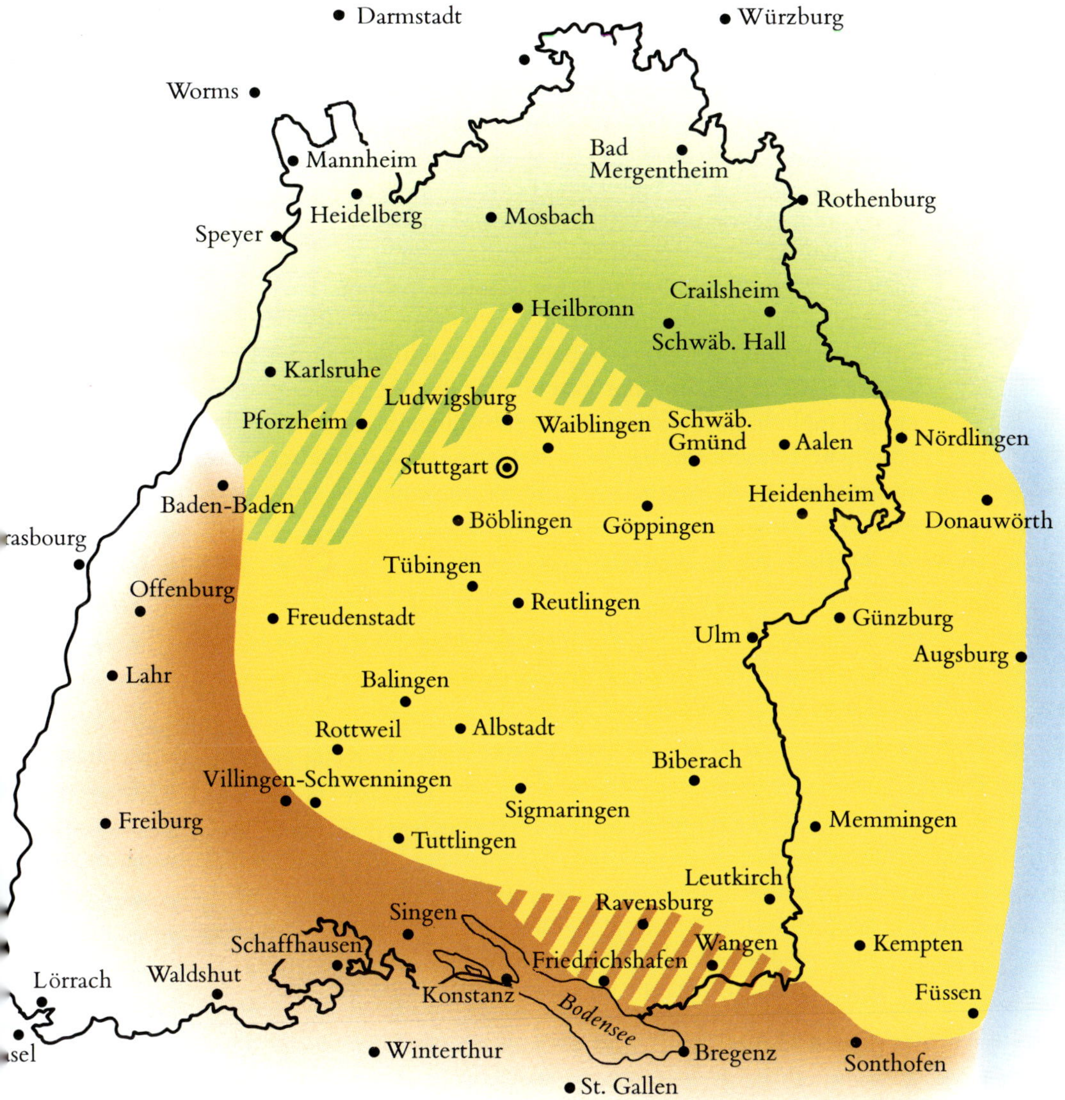

Das Schwäbische
und seine Nachbarmundarten

Schwäbisch

Alemannisch

Fränkisch

Übergangszonen

Bairisch

dort von »Alemannisch« zu sprechen, wo man sagt: *Miin Ma' isch im Huus gsi.* Lautet dieser Satz dagegen: *Mei' Ma' (Mo') isch em Hous gsae (gwea)* dann wissen wir, daß wir es mit Schwaben zu tun haben.

So offenkundig die Unterschiede sind, so wenig sind manche Leute damit einverstanden, von zwei verschiedenen Mundarten – der alemannischen und der schwäbischen – zu sprechen. Während die einen voll Staufer-Nostalgie auch das Alemannische zum Schwäbischen rechnen möchten, plädieren ihre Gegner mit guten sprachgeschichtlichen Gründen dafür, das Schwäbische als eine alemannische Untermundart zu betrachten. Bei der Streitfrage ist ein kurzer Seitenblick auf die geschichtliche Entwicklung unserer Mundart unumgänglich. Karl Haag, dem die Schwaben für die wissenschaftliche Erforschung und Beschreibung der »Grenzen des Schwäbischen in Württemberg« zu großem Dank verpflichtet sind, hat in seinem so betitelten Buch festgestellt: »...im 17. Jahrhundert, das lehren uns die leider spärlichen Mundartniederschriften, ist das Neuschwäbische fertig und mit allen trennenden Zügen ausgestattet; im 14. Jahrhundert dagegen treffen wir überall noch die Sprache der Stauferzeit, die Minnesängersprache, mit geringen Veränderungen, von Stuttgart bis an den Gotthard.«

Wie diese gemeinsame »staufische« Sprache ungefähr geklungen hat, können wir glücklicherweise ziemlich genau sagen. Zwar nicht gerade im »Originalton Barbarossa«, aber auch nicht weit davon entfernt. Von seinem Sohn, Kaiser Heinrich VI., sind nämlich in mittelalterlichen Liederhandschriften drei Gedichte überliefert. Schauen wir uns eine Probe daraus an:

Mir sint diu rîche und diu lant undertân
swenn ich bî der minneclîchen bin;
unde swenne ab ich gescheide von dan,
sost mir al mîn gewalt und mîn rîchtuom da hin.

(Mir sind die Reiche und die Lande untertan
wenn ich bei der Liebenswerten bin;
und wenn ich wieder von dannen scheide,
so ist mir alle meine Gewalt und mein Reichtum dahin.)

In den Wörtern *rîch-* (reich-), *bî* (bei), *mîn* (mein) finden wir das lange *i* vor, das wir eben als Kennzeichen des Alemannischen angeführt haben. Auch das lange *u* ist zu Kaiser Heinrichs Zeiten im gesamten Gebiet des damaligen Herzogtums Schwaben noch nicht zum Zwielaut geworden. Erst vom 13. Jahrhundert an hat sich die Zwielautung der langen *i* und *u* vom Bairischen her sehr langsam als »Mode« ausgebreitet und sich im Laufe der Jahrhunderte nicht nur in Württemberg, sondern in ganz Süd- und Mitteldeutschland durchgesetzt. Allein das Gebiet des heutigen Alemannischen ließ sich von dieser Neuerung so wenig beeinflussen wie die niederdeutschen Mundarten.

Kaiser Heinrich VI. (1190–1197)
Miniatur aus der Manessischen Liederhandschrift

In das heutige Kerngebiet des Schwäbischen, nach Württemberg, drang die neue Sprechweise im Laufe des 15. Jahrhunderts vor. Ein bemerkenswertes Zeugnis dieses Sprachwandels sind zwei Grundsteine an der Stiftskirche in Tübingen. Der eine – von 1478 – zeigt im Wort »Seite« noch die alte Aussprache mit langem *i* (das allerdings mit *y* geschrieben ist), der andere zeigt – nur fünf Jahre später – die zwiegelautete neue Form:

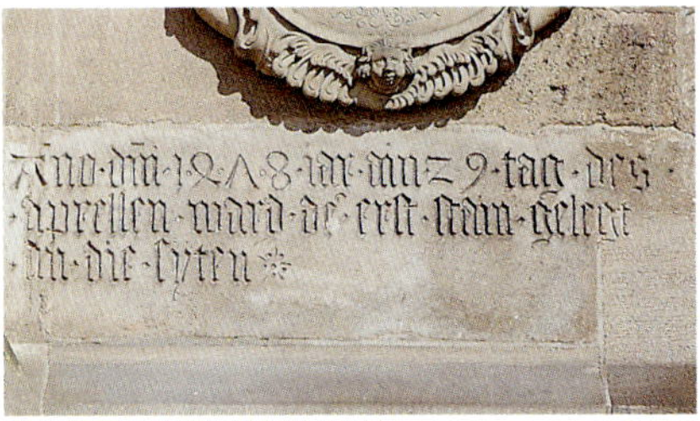

(Die Wortform *geleit* für »gelegt« auf dem zweiten Stein war im Mittelalter üblich und ist bis heute im Schwäbischen wie im Alemannischen die gängige mundartliche Form.)

Wenn sich die Schwaben also mit den neuen Zwielauten *ei* und *ou* der bairischen Neuerung angeschlossen und sich damit »aus dem Gesamtalemannischen ausgegliedert« haben, wie das die Mundartforschung formuliert hat, so haben sie doch, wenn man so sagen will, in diesem Punkt die verwandtschaftliche Bindung nicht ganz verleugnet. Bis heute sprechen sie die vom langen *i* und *u* herstammenden Zwielaute ein bißchen geschlossener und »heller« als die Zwielaute, die schon in der Sprache der Stauferzeit vorhanden waren.

So wird von ihnen *ein Tauber* (Vogel) und *ein Tauber* (Gehörloser) im Klang deutlich unterschieden. Ganz mit dem geschlossenen Zwielaut *ou* zu sprechen ist der Satz: *Au, hòsch dau a rauha Haut!*

Dagegen klingt der folgende Satz mit dem offeneren Zwielaut *ao* wie in der Hochsprache: *Kaufsch daera Frau au' ebbas zom Raucha?*

Beim *ei*-Laut kann man im Prinzip dieselbe Entwicklung feststellen. Wie schon weiter oben erwähnt, hört man, wenn Schwaben Hochsprache sprechen, fast immer einen deutlichen Unterschied zwischen Sätzen wie den folgenden:

Bei der Leibspeis' ißt er fleißig. [ei]
Ein weiches Ei, bitte! [ae]

In der Mundart selbst wird der Unterschied aber noch viel deutlicher. Da hat der neue Zwielaut den alten sozusagen zum Ausweichen gezwungen: Die Aussprache wurde weiter nach hinten in den Mund verlegt und noch offener:

Oe woechs Oe, bitte!
Oa woachs Oa, bitte! (westschwäbisch)

Dieselben Kriterien, die uns geholfen haben, das Schwäbische nach Westen und Süden gegen das Alemannische abzugrenzen, können auch herangezogen werden, um den Unterschied zum Fränkischen zu bezeichnen, von dem das Schwäbische im Norden begrenzt wird. Auch die Franken haben die alten langen *i* und *u* zwiegelautet und die alten *ei* und *ou* der Stauferzeit weiter geöffnet. Sie sind darin aber noch weiter gegangen als die Schwaben, und so lautet der oben angeführte Beispielsatz bei den fränkischen Nachbarn: *Kaafsch danera Fraa aach ebbs zum Raacha?*

Der Übergang vom Schwäbischen zum Fränkischen vollzieht sich aber nicht abrupt, sondern in Zwischenstufen in einer breiten Übergangszone zwischen Calw und Pforzheim, Ludwigsburg und Heilbronn. Nur im östlichen Teil, auf einer Linie, die nördlich von Backnang und Ellwangen und südlich von Dinkelsbühl verläuft, wird der volle Gegensatz zwischen den beiden Mundarten auf engem Raum hörbar. Dabei ist es natürlich mit unseren paar Kennlauten nicht getan, wie schon jener fränkische Bauernbub feststellen mußte, der seine Sommerferien bei den Verwandten jenseits der Mundartgrenze verbringen durfte und nach seiner Rückkehr, sichtlich entrüstet über soviel Unverstand, über die schwäbische Sprechweise berichtete: *D House haaße Hose, und d Hose haaße Hase!* (Die Hosen heißen »Hosen«, und die Hasen heißen »Hasen«!) Unüberhörbar ist schließlich auch, daß es im Fränkischen *geewa* für »geben« und *soocha* für »sagen« heißt, also auch im Bereich der Mitlaute ein auffälliger Unterschied zu verzeichnen ist.

Schließlich können wir unsere bewährten Zwielaute auch noch zur Abgrenzung gegen das Bairische heranziehen, von dem das Schwäbische im Osten vom Ries bis Reutte in Tirol begrenzt wird. Auch die Baiern sprechen die aus altem *i* und *u* stammenden *ei* und *au* offener als die Schwaben, nämlich so, wie sie auch in der Hochsprache gesprochen werden. Daneben unterscheiden sie sich auch durch das Fehlen des schwäbisch-alemannischen *sch*-Lauts in Wörtern wie »bist«, »hast«, »fest«.

Zum guten Schluß darf nicht vergessen werden, unsere berühmte schwäbische Verkleinerungssilbe *-le* zu erwähnen, von der in allen Schwaben-Büchern so viel Aufhebens gemacht wird. Eines leistet sie in der Tat: Sie liefert ein untrügliches Merkmal, mit dem man das Schwäbische von den Nachbarmundarten unterscheiden kann – denn im Alemannischen heißt die Entsprechung *-li,* im Bairischen *-el* oder *-erl,* im benachbarten Fränkischen *-lich.* – Sodele!

Jedem sein Schwäbisch!

Es gehört zum Wesen der Mundart, daß auch innerhalb einer Mundartlandschaft von Gegend zu Gegend, oft von Ort zu Ort, sprachliche Unterschiede feststellbar sind. Hugo Moser hat diesen Sachverhalt für unser Gebiet

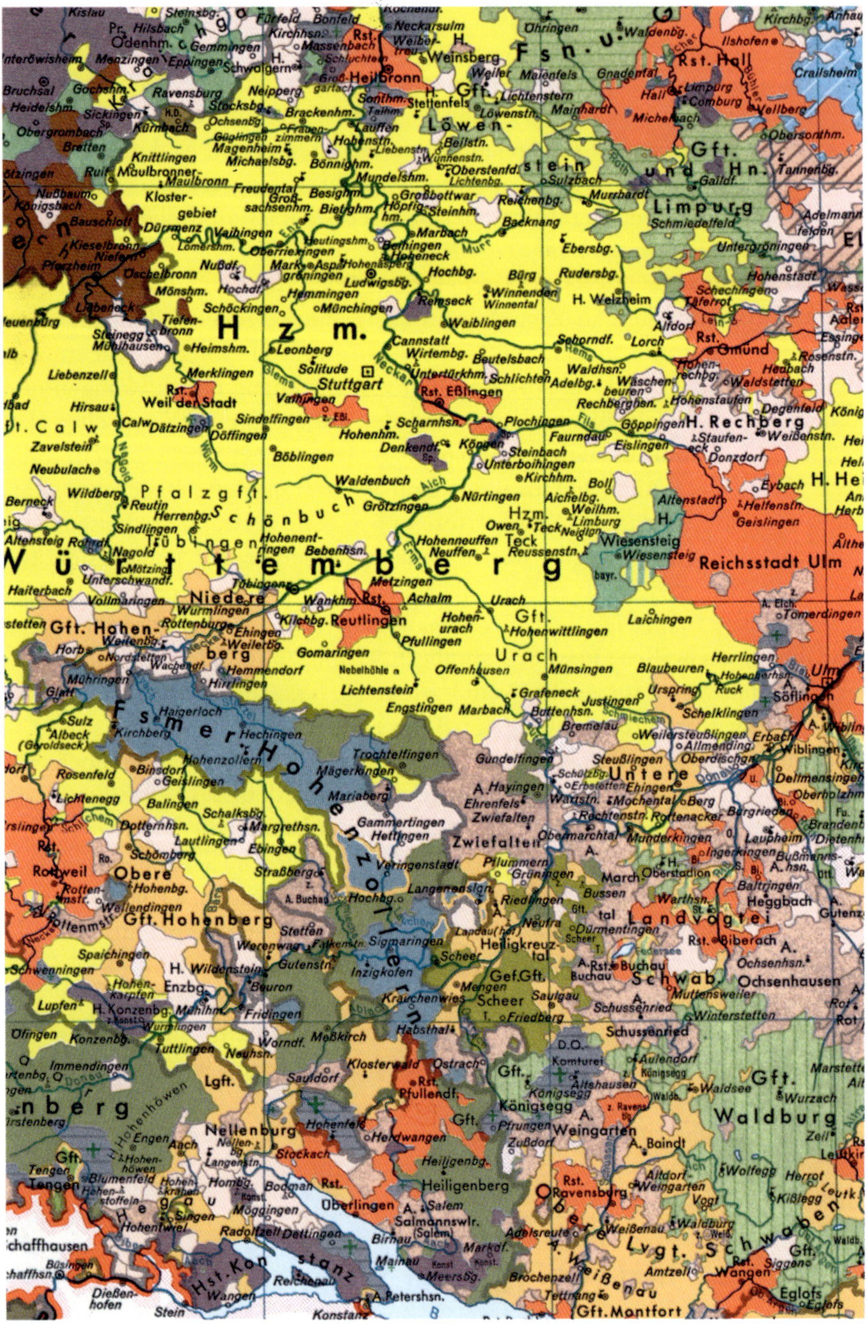

Der »Fleckenteppich« der südwestdeutschen Territorien vor 1803
hat zur Ausprägung der Mundartlandschaften wesentlich beigetragen

einmal in die anschaulichen Worte gefaßt: »Vielleicht mehr als anderswo trägt in Schwaben jede Teillandschaft, ja fast jede Gemeinde das Gewand der heimischen Mundart mit eigenem Faltenwurf und mit besonderem Schmuck.«

Das muß nicht wundernehmen, wenn man bedenkt, daß bis zur großen »Flurbereinigung« der politischen Landkarte durch Napoleon der deutsche Südwesten ein Fleckenteppich aus kleinen und kleinsten Herrschaften war, die, vor allem aus wirtschaftlichen Gründen, alle eifersüchtig darüber wachten, daß ihre Untertanen ortsansässig blieben. Wenn die Herrschaftsgrenze zugleich auch Konfessionsgrenze war, wurden die Unterschiede noch besonders betont und an vielen alltäglichen Kleinigkeiten sichtbar gemacht. (So sollen die katholischen Bauersfrauen der Rottenburger Gegend bei der Feldarbeit schwarze Kopftücher getragen haben, die protestantischen Bäuerinnen der Dörfer um Tübingen dagegen weiße.) Das alles wirkte sich natürlich auch in der Sprache aus. Gerade zwischen Nachbarorten wurden die oft geringfügigen Unterschiede der Mundart deutlich wahrgenommen und häufig zum Gegenstand von Ortsneckereien und Spottversen gemacht. Das Gemeinsame dagegen schien selbstverständlich und nicht der Rede wert.

In der Freudenstädter Gegend ist zum Beispiel bis heute als Besonderheit bewußt, daß im oberen Murgtal – unter fränkischem Einfluß – das Wort »breit« mit einem auffallend langen *a* als *braait* ausgesprochen wird und diese Aussprache auch sonst überall zu finden ist, wo im Schwäbischen üblicherweise *oe* oder *oa* gesprochen wird. Deshalb wurde den Baiersbronnern der Spitzname *Laaiblesfresser* angehängt, und in Freudenstadt hänselte man sie mit dem Spruch:

Solang i allaai bai,
hau i mai Laaible allaai,
ond wenn i z' zwaait bai,
mueß i des Laaible daaila!

Ob damit auch eine besonders ausgeprägte Heiratsunwilligkeit der Baiersbronner unterstellt wurde, ist nicht feststellbar!

Wenn die Trossinger die Schwenninger früher als *Bengilibiißer* (Bengelbeißer) und *Suubüttel* (Saubüttel) verspotteten, dann bezog sich dieser Spott darauf, daß die Schwenninger sich mit ihrem alemannischen langen *i* und *u* deutlich von ihren rein schwäbischen Nachbarn abheben.

Es waren fast immer die Unterschiede in der Aussprache, die in solchen Ortsneckereien aufgegriffen wurden. Die durchaus auch vorhandenen Unterschiede in Wortschatz und Grammatik scheinen dagegen weniger aufzufallen. Auch die Mundartforschung hat sich bei ihren Versuchen, die Landkarte der deutschen Mundarten zu zeichnen, fast ausschließlich an der Lautung orientiert.

Die Raumgliederung der schwäbischen Mundart

Lautliche Merkmale können nicht nur, wie wir gesehen haben, zur Abgrenzung des Schwäbischen von seinen Nachbarmundarten dienen, sondern auch zu seiner Untergliederung.

Vor fünfundzwanzig Jahren, als es bei der Bundesbahn noch etwas persönlicher zuging, fuhr ich mit dem Bahnbus von Freudenstadt nach Tübingen. In Horb stieg eine alte Bauersfrau ein, der man anmerkte, daß sie noch nicht allzu oft mit dem Bus gefahren war. Sie verhandelte mit dem Fahrer, zahlte und setzte sich gleich in die zweite Reihe. Vor jedem Halt rief der Fahrer laut und deutlich die Station aus. So auch in Seebronn. Er hielt an. Nichts rührte sich im Bus. Da wandte er sich um zu der Frau in der zweiten Reihe und sagte: *»Muader, Ihr müeßat doch aussteiga!«* Darauf diese, ganz erschrocken: *»Ja semmer denn scho dò?«* Nun sagte der Fahrer nicht etwa – wie jener Schaffner in dem bekannten Witz – *»Grad dua-r-e s Maul zua!«* Nein – dieser ebenso einfühlende wie sprachkundige Landsmann meinte entschuldigend: *»Ja gell, Ihr wellat nòch Saibronn, ond i han Seebronn gsaet!«*

Dieses Seebronn liegt bei Rottenburg a. N., dem *Raoteburg* unseres Sebastian Blau. In der Aussprache dieser beiden Ortsnamen haben wir ein wichtiges Kennzeichen des Westschwäbischen, das in dem Gebiet westlich von Stuttgart, Tübingen und Burladingen gesprochen wird: einem hochsprachlichen langen *e* entspricht ein *ai,* einem langen *o* ein *ao,* so daß ein »großer See« *graoßer Sae* lautet. Hinzu kommt, daß man in diesem Gebiet *gsae* statt *gwea* für »gewesen« sagt, und *koa', stoa', broạt* statt *koi', stoi', broit* »kein«, »Stein«, »breit« wie im übrigen Schwäbischen.

Ein ebenso markantes, aber ganz anderes Klangbild bekommen wir von dem Schwäbischen, wie es auf der Ostalb und östlich der Iller gesprochen wird. In diesem sogenannten Ostschwäbischen erscheinen die kennzeichnenden Zwielaute im Vergleich mit dem Westschwäbischen »umgedreht« – der *graoße Sae* ist hier ein *groaßer Sea,* und wenn der westschwäbische Bauer sagt: *s hòt koa Naot mit em Klae,* dann stellt sein Kollege von der Ostalb fest: *s hat koi' Noat mit em Klea!*

Auch diese Mundartgrenze wurde vom Ortsspott mannigfaltig erfaßt. So fragt man im Alb-Donau-Kreis scherzhaft: *»Wo hört dr Schnae auf?«* Die Antwort lautet: *»Z' Beerastadt«,* weil man in Bernstadt noch *schnae* spricht, östlich davon aber schon *schnea.*

Charakteristisch für das Ostschwäbische ist außerdem eine auffällige Dehnung vieler sonst kurz gesprochener Wörter: *Koopf* (Kopf), *Heemel* (Himmel), *Haamer* (Hammer) und schließlich die Aussprache *ao* anstelle des sonst für das Schwäbische so charakteristischen langen *ò: Schaof* (Schafe), *schlaofa* (schlafen), *straoß* (Straße). So hat im Ostschwäbischen einer *roate Haor,* der im Westschwäbischen *raote Hòòr* hätte. Die Geislinger (Kreis

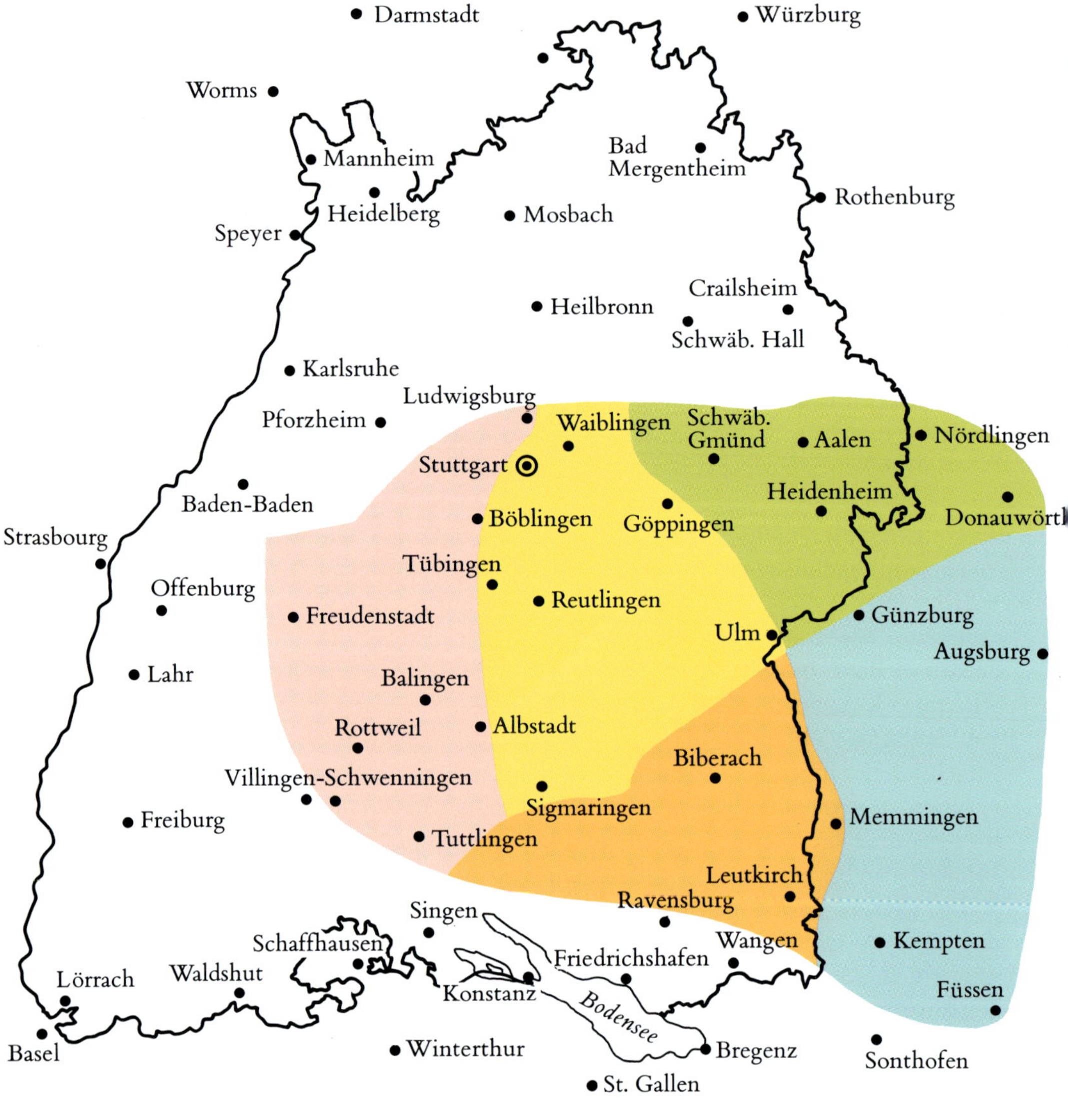

Traditionelle Einteilung des Schwäbischen

Westschwäbisch

Mittelschwäbisch

Ostschwäbisch

Süd-Mittelschwäbisch

Süd-Ostschwäbisch

Göppingen) wurden früher wegen dieser Aussprache als *Schaofbraotes* (Schafbraten) verspottet.

Was geographisch zwischen dem West- und dem Ostschwäbischen liegt, ist eine vom Mittleren Neckarraum um Stuttgart aus sich immer weiter ausbreitende Form des Schwäbischen, die sich vor allem dadurch auszeichnet, daß sie die ausgeprägten Zwielaute der anderen beiden Gebiete nicht aufweist. Die üblich gewordene Bezeichnung »Mittelschwäbisch« kann insofern nicht nur als Bezeichnung für die geographische Lage verstanden werden, sondern auch als Etikett für eine gemäßigtere Form des Schwäbischen, eine sogenannte Ausgleichsmundart, die sich im Zuge eines fortgesetzten Sprachwandels zu hochsprachenäheren Mundartformen hin immer weiter ausbreitet.

Wenn man wissen will, aus welcher Gegend ein Schwabe kommt, sind die aufgezählten Lautmerkmale im übrigen gar nicht immer so hilfreich – als markante Eigenarten sind sie nämlich meist auch dem Sprecher selbst bewußt und können so bei Bedarf durch hochsprachenähere Formen ersetzt werden, wie im nächsten Kapitel noch näher gezeigt werden soll. Viel verräterischer sind oft unscheinbare Wörtchen wie zum Beispiel die Verneinung »nicht«, die im Schwäbischen als *net/et/it/* (oder in der betonten Form als *netta/etta/itta)* vorkommt. Hört man die Variante mit *i,* dann stammt der Sprecher mit großer Wahrscheinlichkeit aus dem Südteil des Schwäbischen, der in diesem Falle ungefähr auf der Linie Oberndorf – Ulm – Donauwörth beginnt. Zur Orientierung hilfreich ist auch die Aussprache der Wortform für »sie haben«. Im Südteil lautet sie *hònd,* im östlichen Streifen *hand,* im Norden und Westen *hend.*

Für die »Grenzen« innerhalb des Schwäbischen gilt im übrigen noch mehr als für die »Grenzen« zwischen den verschiedenen Mundarten, daß sie jeweils nur für wenige sprachliche Erscheinungen die Grenzen ihres Auftretens festhalten. Dabei mußte die Mundartforschung immer stark zusammenfassen und vereinfachen, um zu überschaubaren Ergebnissen zu kommen. Viele Eigenheiten des Schwäbischen lassen sich nicht eindeutig einer bestimmten Sprachlandschaft zuweisen. Am offenkundigsten ist das beim Wortschatz, für den im »Deutschen Wortatlas« Kartierungen für insgesamt zweihundert Wörter vorliegen. Darunter finden sich Wörter/Wortformen, die im ganzen schwäbischen Mundartgebiet gelten. Daneben gibt es aber auch andere, für die es – wie für das Wort »Kartoffel« – eine Fülle von Varianten gibt, ohne daß ein bestimmtes Verteilungsprinzip erkennbar wäre.

Angesichts dieser verwirrenden Vielfalt muß man sich vor Augen halten, daß es im deutschen Südwesten nicht nur, wie schon erwähnt, bis zum Beginn des 19. Jahrhunderts eine sehr bunte politische Landkarte gab, sondern daß auch – vom Dreißigjährigen Krieg bis weit ins 18. Jahrhundert hinein – die jeweiligen Herrschaften oft eine lebhafte Ansiedlungspolitik betrieben, um

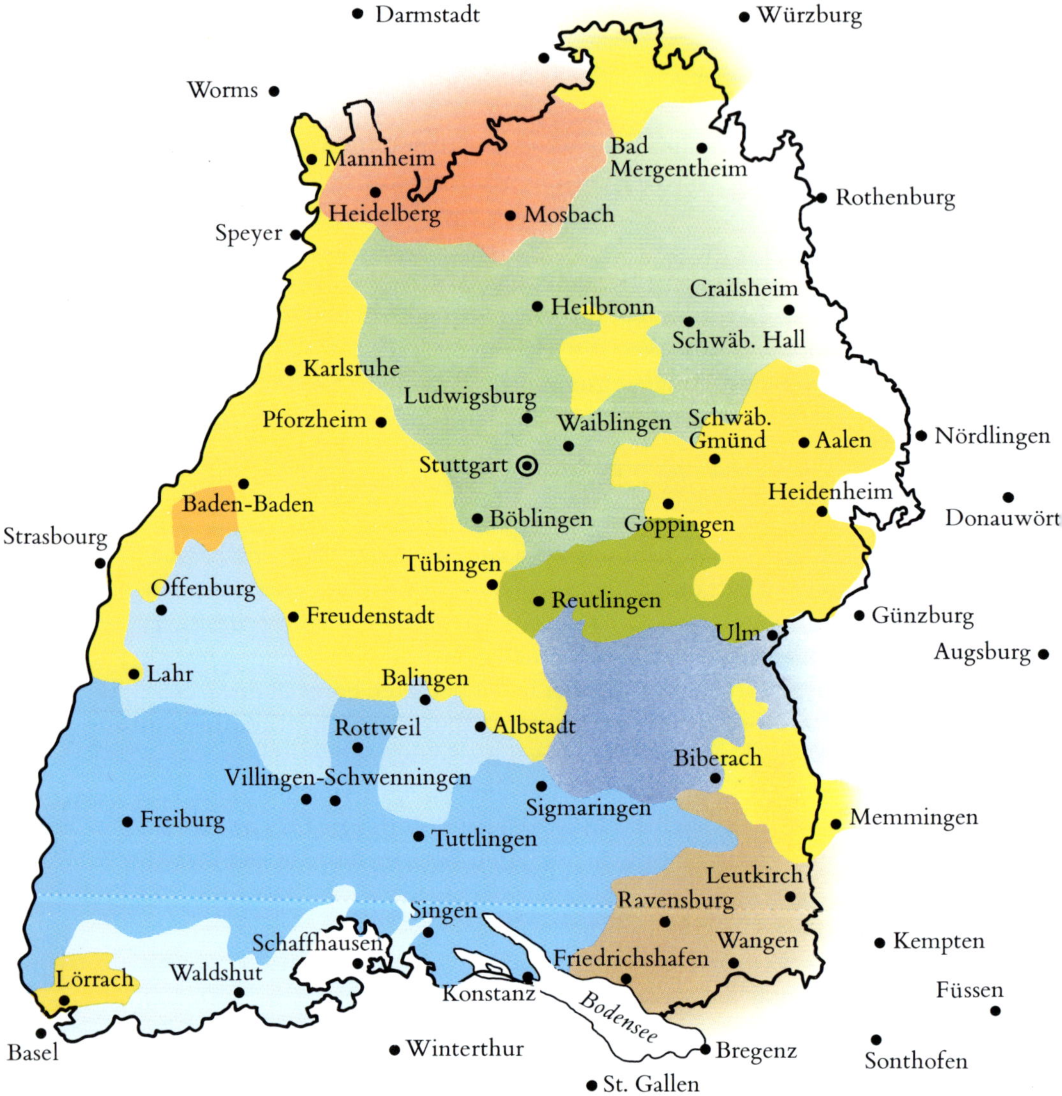

Mundartliche Bezeichnungen für »Kartoffel« (jeweils vorherrschende Form)

- *Aidäpfel*
- *Erdäpfel/Jardäpfel*
- *Herdäpfel*
- *Herdöpfel*
- *Aibiira*
- *E(r)biira/Ebbiira*
- *Grumbiira/Grombiira/Grumbeera*
- *Erdnuß*
- *Bodabiira*
- *Kadoffel/Gedoffel*

Steuerzahler und Arbeitskräfte ins Land zu bekommen. Am bekanntesten wurden die französisch sprechenden Waldenser. Auch Tiroler und Salzburger Exilanten, Kroaten, Wendische und Jenische wurden angesiedelt, Schweden blieben nach dem Dreißigjährigen Krieg auf der Alb »hängen«, Schweizer wurden in die entvölkerten Landstriche geholt.

Alle brachten ihre sprachlichen Eigenheiten mit; manche bewahrten sie bis in unser Jahrhundert hinein, weil sie sich von den umgebenden Dörfern auch in sozialer Hinsicht – z.B. durch Hausierhandel – unterschieden. Die Auswirkungen der Bevölkerungsumschichtungen seit dem Zweiten Weltkrieg auf die Mundartlandschaft sind bis jetzt noch keineswegs ausreichend erforscht und dargestellt worden.

Das zugegebenermaßen schwierige Kapitel über die Laute des Schwäbischen kann nicht besser und angemessener zusammengefaßt und abgeschlossen werden als durch das folgende Gedicht:

Die trauten Laute

A'd Schwob'n-ist dia Mahnong griicht –
wia wenns bei aos so ebbes brüücht!
Vo' aos ka' koar aus seire' Haut,
ma' bleibt bei seine »traute Laut«.

Was feng de schwäbische Eisebah'
mit »Waichen« statt mit Weiche'-n-a'?
En Ölscheich ond e' Vogelschaich
send nao' z Berlin enander »glaich«.
Et jede »Taub« bei aos ist »taob«,
ond Käs koa' »Keese«, mit Verlaub.
Ond wer statt Oa ond Oi sait »Ei«,
machts Fremde noch wia Bapegei.

Für »ö« ond »ü« ist aoser Maul,
des muaß e zuagea', oa'fach z faul.
Ond saist zo oare' »Gans« statt Ga's,
noh tuats viel schlemmer wie dur d Na's.
Ond was oar »ißt« ond was oar »ist«,
des hot noh nia' e' Schwob vermischt.

Ao wenn r no so s Maul verrenkt
ond d Zong zum Hochdeutsch-
[Schwätze' zwengt,
ma' haört em doch, ao wenn rs ka',
uf hondert Schritt de' Schwobe'-n-a'.
Ond tuat em Land oar domit graoß,
goht henterom e' Glächter laos.

Wenn omkehrt aosre »traute Laut«
e' fremds ond ao'gschickts Maul versaut,
noh wend mr narret ond verschnupft,
weils wia e' Gluf em Kisse stupft,
ond s ist e' Schand, daß überhaupt
so ebbes d Bolezei erlaubt.

Sebastian Blau

Es kommt ganz darauf an...

das ist das Zweite, was man als Antwort auf die Frage: *»Wie schwätzt dr Schwòb?«* allgemeingültig feststellen kann. Jeder Schwabe kann nämlich seine Mundart in mehreren Varianten sprechen, die er je nach Situation angemessen einzusetzen weiß. Nehmen wir an, ein Mann sagt beim Frühstück zu seiner Frau: *I moa', ma' sodd etz gao aheba d Wenderroafa radoa!*

Er geht dann zur Arbeit und trifft im Vorgarten den Hauseigentümer, mit dem er noch rasch ein »Schwätzle« macht. Dabei fällt angesichts des frühlingshaften Wetters der Satz: *I moi', ma' sodd etz so allmählich d Wenderroifa ronderdo!*

Im Geschäft nimmt er die Aufträge entgegen. Bevor er sich mit dem Firmenwagen auf den Weg macht, sagt er noch zu seinem nichtschwäbischen Vorgesetzten: *I mein', ma' sollt jetz allmählich d Winterreifa rundermacha!*

Die vierte Variante würde dann schließlich lauten: *Ich meine, man sollde jedsd allmählich die Winderreifen auswechseln.*

Diese letzte Variante – Hochsprache mit der für ganz Süddeutschland typischen Erweichung des *t* – wäre aber nur zu erwarten im Rahmen einer vorbereiteten und offiziellen Äußerung, also zum Beispiel in einem Vortrag.

Wenn man die vier Varianten vergleicht, dann stellt man fest, daß in einem ersten Schritt die auffälligen Zwielaute und die spezifisch mundartlichen Ausdrücke aufgegeben werden. Beim zweiten Schritt fallen die Verschleifungen und die Senkung von *i* und *u* vor Nasal weg; erst beim vierten Schritt, beim Entschluß also, »Hochsprache« zu sprechen, werden die bisher verschluckten Silben voll ausgesprochen.

D Wenderroafa radoa

Die Zahl der Zwischenschritte, die möglich sind, ist nicht in jedem Fall gleich. In aller Regel sind es aber zwischen »Grundmundart« und Hochsprache mehrere Stufen oder »Dialektniveaus«. Welche man wählt, hängt vom Thema und von der Einschätzung des Gesprächspartners ab: Stufe 1 signalisiert Zugehörigkeit und Vertrautheit. Man ist »unter sich«. Gegenüber Fremden wirkt diese Variante ausgrenzend und wird damit als unhöflich, derb oder plump wahrgenommen. Viele Schwaben, insbesondere die bildungsbeflissenen Mütter von Kleinkindern, meiden deshalb diese Variante von vornherein. Sebastian Blau berichtet in einem seiner Bücher, seine Mutter habe ihn immer ermahnt: *»Kerle, schwätz schöner!«* Selbst ein ausgezeichneter Kenner, Könner und Liebhaber des Schwäbischen, Karl Häfner, schreibt 1951 in einem Buch von den nasalen Zwielauten in *Zae's* (Zins), *wae'scha* (wünschen), *dea'na* (dienen): »Die dabei entstehenden Klänge sind besonders unschön und gelten heute mit Recht als unerwünscht«

Auch wenn das neu erwachte Selbstbewußtsein der Mundartsprecher inzwischen zu einer anderen Einschätzung geführt haben sollte, so führen doch die vielen sprachlichen Kontakte mit Menschen aus anderen Gegenden heute bei den allermeisten Sprechern dazu, daß im Interesse einer reibungslosen Verständigung die auffälligsten Merkmale der »Grundmundart« aufgegeben werden, so daß sich für den alltäglichen Gebrauch außerhalb von Familie und Freundeskreis eine »landschaftliche Ausgleichsmundart« herausbildet, die je nach Situation ungefähr den Varianten 2 oder 3 entspricht.

Variante 3 entspricht je nach Färbung und Intonation auch dem, was als »Honoratiorenschwäbisch« bezeichnet wurde. Allerdings war dieses keine situationsgemäß zu verwendende Variante, sondern eine Form des Schwäbischen, die von den »Gebildeten« ebenso ausschließlich und in allen Situationen gesprochen wurde wie die »Grundmundart« von den Bauern.

Mobilität, Bevölkerungsmischung und nicht zuletzt die Massenmedien haben dazu geführt, daß heute praktisch von jedem ein variabler Sprachgebrauch erwartet wird und – in Grenzen – auch erwartet werden kann. Damit hat sich auch der soziale Druck verringert, der früher dafür gesorgt hat, daß man möglichst so sprach, »wie die anderen auch«, das heißt, wie die Familie, die Altersgenossen, das Dorf. Zahlreich waren und sind die Witze, die sich über diejenigen lustig machen, die »wie die besseren Leute« sprechen möchten. Ich erinnere mich an einen, den mein Erstklaßlehrer erzählte:

> Ein Mädchen war in der Stadt als Haushaltshilfe bei sogenannten besseren Herrschaften – *ge Deana* oder *in Stellung*, wie man damals sagte. Als sie nach einem halben Jahr zum ersten Mal wieder nach Hause kam, tat sie ihren staunenden Schulkameradinnen kund: »Ich habe mir das Hochdeutsche schon so angewöhnt, daß ich es gar nicht mehr *lao' ka'!«*

Gerade bei diesen Mädchen wurde streng darauf geachtet, daß sie nach ihrer Rückkehr ins Dorf sich wieder anpaßten, nicht »etwas Besseres« zu sein versuchten. Ein anderer Witz zeigt ebenfalls, daß die Konflikte nicht zuletzt auf sprachlicher Ebene ausgetragen wurden:

> Ein Mädchen kommt in Urlaub zurück auf den elterlichen Bauernhof. Es ist gerade Heuet und damit Hochbetrieb. Sie hat kaum Zeit, »Grüß Gott« zu sagen, da wird ihr gleich angesonnen, einen Rechen zu nehmen und auf die Wiese zu den anderen zu gehen. Beleidigt und hochnäsig zugleich, sagt sie schnippisch, »Ich weiß nicht mehr, was ein Rechen ist!« Kurz darauf will sie einen Blick in den Garten tun. Unterwegs tritt sie aus Versehen auf einen herumliegenden Rechen, und der Stiel trifft sie an den Kopf, so daß ihr ein heftiges *»Verreck, Reche'!«* herausfährt.

Daß man in bestimmten Berufen auch früher schon lernte, sich je nach Situation variabel auszudrücken, soll zum Schluß die Anekdote von dem Kutscher zeigen, der nach einer ausgiebigen Einkehr den Bürgermeister einer kleinen Stadt samt einigen Gemeinderäten nach Hause befördern sollte, wobei der Bürgermeister darauf bestand, bei ihm auf dem Bock zu sitzen. Als der Weg schlechter und schlechter wurde und alle gehörig durcheinandergeschüttelt wurden, sagte der Kutscher: *»Schultes, sitzet Se besser rei'* (d.h. weiter nach innen), *sonst fallet-r ra, nò bisch he'!«*

Und was wird daraus?

»s isch nemme dees!« lautete seit jeher der Stoßseufzer, wenn man beim Älterwerden mit Bedauern den Wandel der Dinge feststellen mußte. Der Streit darüber, ob die Mundarten dem Untergang geweiht sind oder nicht, ist schon mehr als hundertfünfzig Jahre alt. Bis in die jüngste Zeit wurden die großen Projekte der Mundartforschung – Sprachatlas, Wörterbücher, Tonbandarchive – damit begründet und gerechtfertigt, daß die Mundarten für die Nachwelt dokumentiert werden müßten, bevor sie endgültig untergingen.

Trotz aller Schwarzmalerei wird aber immer noch landauf, landab Schwäbisch gesprochen, und es gibt Mundartforscher, die versichern, trotz der Bevölkerungsumschichtungen nach dem Zweiten Weltkrieg und trotz der hohen Mobilität der heutigen Zeit habe sich das Schwäbische im wesentlichen nicht verändert.

Selbst wenn man diese Aussage so pauschal akzeptiert, wird sich nicht leugnen lassen, daß immer weniger Leute eine »Grundmundart« in der oben mit Stufe 1 bezeichneten Form beherrschen, und daß diese sie in immer weniger Situationen auch tatsächlich noch so verwenden. So kann man davon ausgehen, daß die extremen Lautungen – vor allem die offenen und die genäselten Zwielaute – und der besondere Wortschatz des Schwäbischen in ein bis zwei Generationen ungebräuchlich sein werden. Dennoch wird man hierzulande mit Sicherheit nach wie vor »Schwäbisch« sprechen, wenn auch ein nach den Maßstäben strenger Mundartpfleger »verwässertes«, »abgeschliffenes«, »nivelliertes« Schwäbisch, und wird es wohltuend und gemütlich finden. Denn auch mit einer »gemäßigten« Mundart verbinden sich fast alle die positiven Wirkungen, die man dem Mundartsprechen zuschreibt: Nähe, Vertrautheit, Heimatgefühl, Ungezwungenheit. Auf der anderen Seite ist die gemäßigte Mundart viel weniger ein Verständigungshindernis beim Sprechen mit Menschen aus anderen Gegenden, als dies bei der ausgeprägten Grundmundart der Fall ist. Mit der Nivellierung wächst so gewissermaßen der Gebrauchswert. So ergibt sich als Zukunftsperspektive die etwas paradoxe Prognose, daß sich das Schwäbische gerade dadurch als Mundart auf lange Sicht behaupten wird, daß es die lokalen Besonderheiten und die besonders ausgeprägten Lautungen aufgibt.

Ob's noh a Weile hebt?

Maulfaul und grob

Von den Bequemlichkeiten der schwäbischen Aussprache und der Sparsamkeit im Wortgebrauch. Wie man im Schwäbischen manches überdeutlich sagt, dafür anderes nur vornehm andeutet.

Eine bequeme Sprache?

Nach landläufiger Meinung müßte die Antwort auf diese Frage ein kräftiges *Mhm* sein, denn *mhm* heißt soviel wie »ja«, und es demonstriert jene Eigenschaften, die man dem Schwäbischen als charakteristisch unterstellt: Kürze im Ausdruck und größtmögliche Schonung der Sprechwerkzeuge.

Von der Hand zu weisen sind solche Charakterisierungen nicht. Mundart ist eine mundgerechte, eine durch den und für den mündlichen Gebrauch zugeschliffene Sprachform. Man hatte bei der anstrengenden körperlichen Arbeit früher weder die Zeit, noch die Kraft, lange Reden zu führen. Außerdem mußte man sich auf das konzentrieren, was man gerade tat. Die Ermahnung »Nicht mit dem Wagenführer sprechen!«, die früher in den Straßenbahnen angebracht war, steht heute noch vielen Arbeitern und Handwer-

kern sozusagen auf die Stirn geschrieben, soweit sie nicht durch die Art ihrer Arbeit ohnehin isoliert sind. Man muß sich deshalb fragen, wem Schiller da über die Schulter geschaut hat, als ihm die geflügelten Worte aus dem »Lied von der Glocke« einfielen:

Wenn gute Reden sie begleiten,
Dann fließt die Arbeit munter fort.

Ein zweiter Punkt ist zu bedenken: Mundart wurde früher fast ausschließlich mit vertrauten Gesprächspartnern in vertrauten Situationen gesprochen. Vieles war von vornherein klar, anderes durch den Zusammenhang abgesichert. Die Ausführlichkeit und Deutlichkeit, die beim Schreiben an unbekannte Personen ratsam ist, muß in solchen Situationen als Geschwätzigkeit erscheinen. Sparsamkeit des Ausdrucks und Ökonomie des Sprechens sind deshalb als sinnvolle Reaktionen auf die Bedingungen der vorherrschenden Sprechsituation zu verstehen.

Schauen wir uns einmal an, worin sich das Schwäbische – im Sinne eines möglichst geringen Kraftaufwands – als »mundgerecht« erweist. Nehmen wir folgenden Satz: *Moarn gòschd ufs Ròthaus ond saischd em Schultes, i häb me andersch bsonna!* (Morgen gehst du auf das Rathaus und sagst dem Schultheiß(en), ich hätte mich anders besonnen!)

Der schwäbische Satz hat im Vergleich mit seiner Entsprechung in der Hochsprache fünf Silben weniger, nämlich 17 statt 22.

Nebensilben werden verschluckt, Artikel (das) und das Fürwort (du) in kaum mehr erkennbaren Resten an das vorausgehende Wort angehängt. Eine beträchtliche Ersparnis an Zeit und Kraft also! Aber auch sonst werden die Sprechwerkzeuge geschont. Die aufwendigeren Laute werden ausgelassen oder in solche umgewandelt, die mit geringerer Mühe zu artikulieren sind: mor*ge*n, sa*gs*t, *d*em, Schult*h*eiß, i*ch,* mi*ch.* Die unbetonten *e* in »morg*e*n« und »b*e*sonnen« fallen ebenfalls weg. Aus *ei* wird ein schwaches *e.*

Auf solche Weise wurden im Schwäbischen die häufig benutzten Wörter mit der Zeit so abgeschliffen, daß man auf den ersten Blick oft kaum mehr erkennen kann, wo sie herkommen: *i sott* (ich sollte); *i wett* (ich wollte); *rii on nii* (herüber und hinüber); *ra'traa* (herabtragen); *a'schlaa* (abschlagen); *midnea* (mitnehmen); *Kear* (Keller); *Hear* (Hühner); *gea* (geben).

In unterschiedlich starker Abschleifung findet man das Wort, das ursprünglich *all(e)weil* (immer) lautete, als *äwweil* oder *äwl,* das Wort *all(e)mal,* das »damals«, »ab und zu« und »immer« bedeuten kann, als *ämmòòl* oder *ämml.* Eindrucksvolle Beispiele dieser sprachlichen Schleifarbeit sind auch Wörter wie *Haozech/Hoarzech* (Hochzeit) und *Oaneng* (Ordnung), denen, wie den Kieseln im Bach, im Laufe der Zeit alle Ecken und Kanten genommen wurden.

Besonders häufig und auffällig sind solche Angleichungen und Abschleifungen in gängigen Wortgruppen wie *hem-mr* (haben wir), *sem-mr* (sind wir), *hòsch-mr* (hast du mir) und in Zusammensetzungen wie *Hampfel* (Handvoll). Selbst die Mundartdichter scheuen sich in der Regel, solche Zusammenschleifungen so aufzuschreiben, wie sie wirklich gesprochen werden, da sonst die Lesbarkeit erheblich beeinträchtigt wird. Das zeigen die vereinzelten Versuche einer konsequent lauttreuen Schreibweise, die dann zu Schriftbildern wie *sobbma* statt *sott ma* (sollte man) und *duabma* statt *duat ma* (tut man) (Wilhelm König) oder allgäuerisch *hauba* statt *haud ma* (hat man) (Sepp Zwerch) führen.

Die angeführten Beispiele könnten den falschen Eindruck erwecken, als seien sie das Ergebnis eines regel- und zügellosen »Sprachzerfalls«. Bei genauerem Zusehen kann man aber feststellen, daß die Vereinfachungen vornehmlich die Verbindungen mehrerer Mitlaute und die schwieriger zu artikulierenden Mitlaute selbst betreffen. In der Tendenz hat das Schwäbische hier einen Weg beschritten, den das Italienische konsequent zu Ende gegangen ist.

Zu den anstrengenderen Lauten scheint der ch-Laut zu gehören. Er ist im Schwäbischen häufig verschwunden, vor allem in den gebräuchlichsten Wörtern wie *au'* (auch), *noh* (noch), *de/dii* (dich), *me/mii* (mich), *se* (sich), außerdem in manchen Gegenden vor *t: Naat* (Nacht), *Kneat* (Knecht), *reat* (recht). *'s isch mr net drnò* heißt »Es ist mir nicht danach«. Wenn man etwas »mittendurch« schneidet, sagt man *mittladure,* und ein *Durenander* ist ein »Durcheinander».

Das häufigste Opfer der Vereinfachung ist aber zweifellos das *n.* Es fällt freilich in der Regel nicht spurlos weg, sondern hinterläßt eine nasale Färbung, die es dem Schwaben zum Beispiel ohne weiteres erlaubt, *na'* (hinan) von *na* (hinab) zu unterscheiden. Wenn das *n* in der betonten Silbe wegfällt, wird meistens auch der Selbstlaut zum Ersatz gedehnt. So bleiben »Fenster« und »fester« als *Fe'schder* oder *Feaschder* und *feschder* auch weiterhin unterscheidbar.

Die nasale Einfärbung gilt auch, wenn *n* am Wortende wegfällt. *Lesa* (lesen) klingt deutlich anders als *les-e* (lese ich) und *bleiba* (bleiben) anders als *Bleibe* (Bleibe). Auch in Wörtern wie *Boi', Stoi', noi'* (Bein, Stein, nein) ist die nasale Färbung nicht zu überhören, und vollends gilt das dort, wo das *n* im Wortinnern weggefallen ist, zum Beispiel bei *Ke'd* (Kind), *We'd* (Wind), *Ga's* (Gans) und *Ha'd* (Hand), die alle lang zu sprechen sind.

In diesen Zusammenhang gehören auch die berühmten Wörter *gao', stao', lao'* (gehen, stehen, lassen), die für manche Leute als Inbegriff des Schwäbischen gelten. Sie gehen auf die alten Kurzformen *gân, stân, lân* zurück, verdanken also ihre auffallende Lautform ebenfalls den Nachwirkungen des weggefallenen *n.*

In ähnlicher Weise wie das *n* wurde da und dort auch das *m* behandelt. Daß dies nicht nur Reingeschmeckte, sondern auch gestandene Schwaben aus anderen Gegenden in Schwierigkeiten bringen kann, erfuhr ich in jungen Jahren am eigenen Leib.

> Mit einer Jugendgruppe von der Ostalb hatte ich bei einem Bauern in der Scheune übernachtet. Morgens beklagte sich ein Junge: *»I hao mein Stro'pf verlora! I hao mein Stro'pf verlora!«* : Ich fragte: *»Was hòsch du verlora?«,* worauf er nur hilflos immer wiederholte: *»Mein Stro'pf, mein Stro'pf halt!«* Glücklicherweise durchschaute ein anderer die Situation und kam uns zu Hilfe: *»Der moi't sein Socka!«* Damit war das Problem gelöst und der fehlende Strumpf bald auch glücklich gefunden.

Ebenfalls auf der Ostalb ist eine andere Besonderheit zu finden. Ein *m* oder *n* am Wortende nach *r* wird zu einem nasalierten *a* umgewandelt: *geara* (gern), *Wuura* (Wurm), *Hoara* (Horn). Ein besonders resolutes Mädchen soll einmal zu ihrem Tanzstundenpartner gesagt haben: *»I schlaa de gao ufs Hiira* (Hirn) *nuf, wenn d net glei dein Ara* (Arm) *dò wegduasch!«*

Ein besonders markanter Laut ist das *r,* das auf ganz unterschiedliche Weise artikuliert werden kann und deshalb eine beliebte Zielscheibe für Ortsneckereien geworden ist. Vielleicht ist das neben dem Hang zur Vereinfachung einer der Gründe dafür, daß auch das *r* nicht selten verschwunden ist – im übrigen immer nur in bestimmten Wörtern und bestimmten Lautverbindungen. Pauschale Behauptungen wie »Die X-Dorfer können kein *r* sprechen« sind blanke Verleumdung, gegen die man zum Beispiel auch die *»Reitlenger Hiischhöönle«* in Schutz nehmen muß. Es sind die Lautverbindungen *rt, rz, rs* und *rn,* in denen in einem breiten Gebiet, das sich vom oberen Neckar bis zum Lech erstreckt, das *r* ausgefallen ist. Typisch sind Wörter wie *Wuuscht* (Wurst), *Duuscht* (Durst), *Wiit* (Wirt) und *schwaaz* (schwarz), aber auch die Reimwörter in folgendem »Spruch« von Sebastian Blau:

E Bhäber

So e Klammhok, so e gschuckter,
äwel komm r, moat r, z kuuz!
Narr, ond aus Intresse druckt r
zwoamol a' me' F...!

Auch in Gegenden, wo man in diesen Wörtern das *r* spricht, sagt man *dinna* (drinnen) und *dussa* (draußen), *doba* (droben) und *dunda* (drunten).

Mit den bisher aufgezählten Lauten sind noch längst nicht alle Vereinfachungen des Schwäbischen genannt. Man könnte zum Beispiel noch darauf eingehen, wie mit dem *g* umgesprungen wird, das in der Grundmundart in *saa* (sagen) und *ma'* (mag) völlig verschwunden ist. Aber es soll hier genügen, die Wirkungen der beschriebenen Vereinfachungen in einem netten Sprachspiel vorzuführen, das der oberschwäbische Mundartdichter Rolf Staedele aufgeschrieben hat:

I ma mein Ma
ond mei Ma ma mi –
aber wia i
mein Ma ma
ond wia mei Ma
mi ma –
des goht bloß mi a
ond mein Ma a...

Xondheit, Xaver, Xälzbrot, Xangverei'

das seien die vier schwäbischen Wörter, die man mit *x* schreibe, wollte man uns Kindern immer weismachen. Der wohlbekannte Scherz zeigt, daß die Schwaben sich mancher Eigenheit ihrer Sprache nicht nur bewußt sind, sondern sie auch mit Humor zu nehmen wissen. Es gehört zu den auffälligsten »Sparmaßnahmen« der schwäbischen Mundart, daß bei der Vorsilbe *ge-* das *e* nicht gesprochen wird. Das verbleibende *g* hört sich dann in Verbindung mit einem nachfolgenden *s* tatsächlich wie *ks* an, für das die Hochsprache in bestimmten Fällen *x* schreibt. Aber wenn man diese Schreibweise ernsthaft für das Schwäbische einführen wollte, dann wären viel mehr als die in der Überschrift genannten vier Wörter betroffen. Dann müßte man auch schreiben: *xait/xagt* (gesagt), *xeha* (gesehen), *xonga* (gesungen) und so weiter.

Eine Chance hat das *e* aber ebensowenig bei den Wörtern, bei denen kein *s* auf die Vorsilbe folgt, seien es Zeitwörter oder Hauptwörter: Da lehnt sich einer mit seinem ganzen *Gwicht* auf ein *Gländer,* und wenn es dann nachgibt, schimpft er – falls es keine schlimmeren Folgen hat – »So ein *Glomp«!*

Das im Schwäbischen sehr häufig benützte Wort *Glomp,* mit dem man – außer Personen – alles bezeichnen kann, was nichts taugt, meint wörtlich ein »Gelumpe« oder »lumpiges Zeug«. Auch dem ebenso beliebten Wort *Gruuscht* (Gerümpel, wertloser Kram) ist nicht anzuhören, daß es ursprünglich das *Ge-rüst,* nämlich alles, was man brauchte, um sich auszurüsten, bezeichnete. Vielleicht haben schon die alten Schwaben trotz ihrer bekannten Tapferkeit dem Grundsatz gehuldigt: »Frieden schaffen mit immer weniger Waffen« und ihre wertvolle Ausrüstung zu *Gruuscht* verlottern lassen? Heute geht die Anwendbarkeit des Wortes über Gegenstände weit

Dò siehsch erst, was mir fer an Gruuscht dahoim hen!
(Johann Heinrich Dannecker (1758–1841):
»Wasser- und Wiesennymphe«)

hinaus. Die Äußerung *»Wieder nix wia Gruuscht heit!«* kann man ebenso beim Leeren des Briefkastens wie vor dem Fernsehgerät vernehmen. Etwas zu weit geht dagegen für manche die Verwendung in folgendem Tübinger Gôgen-Witz:

> Zwei nicht mehr ganz jugendliche Gògen gehen in Tübingen den Anlagensee am Bahnhof entlang und kommen an der Figurengruppe des Bildhauers Dannecker vorbei. Wohlgefällig betrachten sie die spärlich verhüllten Rundungen der beiden Nymphen. Da entringt sich dem einen mit einem tiefen Seufzer die Feststellung: *»O Karle, dò siehsch erst, was mir fer an Gruuscht dahoim hen!«*

Was waren das für Zeiten, als man für vergleichende Studien der weiblichen Anatomie noch auf die klassischen Werke der bildenden Kunst angewiesen war!

Aber zurück zur Vorsilbe *ge-!* Nachdem das *e* nicht mehr ausgesprochen wurde, erwies sich auch das *g* vor *b, p, d, t, g* und *k* als lästig. Deshalb ist in allen diesen Fällen die Vorsilbe im Schwäbischen ganz verschwunden: *graba (gegraben), glaubt* (geglaubt), *komma* (gekommen), *kauft* (gekauft). Man sagt: *Was isch dò bodda?* (geboten, los) und *Wer hòt pfiffa?* (gepfiffen). Das weinende Bübchen antwortete seinem Schwimmlehrer auf die Frage: *»Was hend se denn dir do?« »Donkt hend se me!«* (»getunkt« = untergetaucht).

Bronzeskulptur
»Bauer und Geißbock«
in Meckenbeuren

In dem wohlbekannten Lied von der schwäbischen Eisenbahn, das keineswegs in allen Punkten ein mustergültiges Schwäbisch vorführt, sind die verkürzten Formen in der Schlußstrophe unübersehbar:

So, jetz isch des Liedle gsonga –
Hòt's eich recht en d Auhra glonga?

Da beim letzten Wort der erste Laut als *g* gesprochen wird, klingt es genau gleich wie *glonga* (gelungen). Auch sonst führt die Verkürzung oder Auslassung der Vorsilbe *ge-* zu allerlei Verwechslungsmöglichkeiten. Ein bedenkenswertes Beispiel findet sich in der folgenden kleinen Erzählung von Martha Arnold-Zinsler:

Zwoideitig
Do häbet se neilich ema Betrieb an langjähriga Mitarbeitr verabschiedet. Der hot d Aldersgrenz erreicht und goht jetzt en Rente. Dr Seniorschef häb zu em gsagt: Sie habet's guet, i beneid Sie, Sie gehet jetzt in Ihren wohlverdiente Ruhestand. I kann des net, obwohl i etliche Jährle älter bin als Sie, i kann mir des net leischta!
O je, häb der Neurentner gsagt, werom denn net? Hen Sia net gläbt?
Dr Schef häb a Weile braucht, bis r kabiert hot, wias gmoint war ond daß des »gläbt« net von »gelebt« kommt, sondern von »geklebt«, nämlich Märkla für d Aldersversorgung.
Hen Sia net gläbt? – Wia's bei sellem Schef gwesa isch, woiß i net, i woiß bloß, ma mueß leba ond kleba, ond ma därf vor lauter Kleba s Leba net vergessa, aber omkehrt au et. Wemma ald isch, mueß ma halt boides han: gläbt ond gläbt.

Vor Wörtern, die mit *h* beginnen, bleibt das *g-* erhalten. Zusammen mit dem *h* ergibt es aber einen Klang, der von *k-* kaum zu unterscheiden ist. So klingen im Schwäbischen zwei grundverschiedene Wörter manchmal gleich, wie in den folgenden Beispielen: *Des han-e gheert* (gehört); *I han da Hof kehrt* oder *I han me omgheert* (umgehört); *Mir send omkehrt* (umgekehrt).

Aufmerksame Beobachter des Schwäbischen könnten jetzt einwenden: »*Was isch au' des fer a Gedoa* (Getue) *mit dem ge-!*« — Wir sagen doch auch *Gejoomer* (Gejammere), oder: »*Des Geklopfe ond Genagle* (das Nageln) *da ganza Daag gòht mr uf d Nerva!*« In allen diesen Fällen hört man doch das *e* der Vorsilbe deutlich genug!

Diese Beobachtung ist völlig richtig. Hier unterscheidet offenbar der Mundartsprecher zwischen Wortformen, die er spontan bildet – wobei auch von der Bedeutung her die Tätigkeit hervorgehoben wird –, und solchen, die als gängige Wörter vertraut sind. So unterscheiden sich das *Gschnipf* »Küchenabfälle« (meist Schalen) und das tadelnd gemeinte *Geschnipfel* (Herumschnitzen), das *Gläuf* (Laufen, Auflauf, auch: Bein) und das *Rom-ond-nom-Gelaufe.* Meistens steht am Ende solcher Spontanbildungen auch ein helles *e,* wie man es in *Gemaule* (Murren, Aufbegehren) und *Gegrauze* (mißmutiges Jammern) hören kann.

Wiederum zeigt sich also, daß im Schwäbischen bei allem Hang zur Kürze nicht auf fein abgestufte Ausdrucksmöglichkeiten verzichtet wird.

Vom Wörtersparen

Zahllos sind die Witze, in denen schwäbische Wortkargheit vor Augen gestellt wird. Nicht wenige davon erweisen sich als Wanderwitze, die auch in anderen Mundarten, ja zum Teil auch in anderen Sprachen zu finden sind. Deshalb soll hier einer für alle stehen:

> Vor Zeiten, als es im Lande noch den Galgen gab, tat ein Delinquent seinen letzten Gang. Am Fuße der Leiter machte man ihm das übliche Gnadenangebot: Wenn er bereit sei, eine der anwesenden ledigen Frauen zu ehelichen, werde ihm die Strafe erlassen. Er ließ den Blick über die Herandrängenden schweifen. Dann sagte er energisch, indem er mit dem Daumen deutete: »*Nuff!*«

Mindestens ebenso drastisch ist eine oft zitierte kleine Erzählung von Fritz Rahn, die hier nicht fehlen soll:

> *Der wortkarge Bräutigam*
>
> »*Ja grüß Gott, Anna, du bisch? Wia goht dr s denn? Bischt au reacht glicklich? Isch d Haochzich schö' gwä?*«

»Dank dr Nochfrog, Karlena! Jo, s isch schö' gwä.«
»Du, Anna, dei' Jakob, dear isch doch so maulfaul. Hot r denn an seim Haochzichsdag s Maul aufgmacht?«
»Ha, was soll e do saga, Karlena? A bißle scho'. Viar Wörtla hot r doch rausbrocht.«
»Waas, so viel? Ond was hot r gsait?«
»Ha woisch, wia mr an dr Kirch gwä send, do isch r an dr Trepp gstolpert. No hot r gsait: »Hoppla!« Ond am Altar, wia en dr Pfarrer gfrogt hot, no hat r gsait: »Jo«. Nocha send mr en s Wirtshaus ganga. Ond wia dr Jakob gseha hot, daß dr Disch so schö' deckt gwä isch, no hot r sich d Händ grieba ond hot gsait: »Sodele«. Jo, ond obneds, wia mr no en d Kamer ganga send ond r seine Hosaträger ra dao' hot, do hot r glacht ond hot gsait: »Etzet«.«

So reizvoll diese Geschichte ist, so wenig kann sie als schlüssiger Beweis dafür gelten, daß die Schwaben wortkarger seien als andere Leute. Man wird nicht fehlgehen, wenn man die Redefreudigkeit abhängig sieht von den Lebensumständen. So schließt Sebastian Blau sein Gedicht »Wochemärkt« – ein sehr anschauliches Situationsbild aus dem kleinstädtischen Rottenburg von einst – mit einer Strophe, die keineswegs den Eindruck erweckt, Wortkargheit sei das unveränderliche Erbgut der Schwaben und Schwäbinnen:

Ond d Frau Dokter ond Frau Rekter,
d Frau Verwalter, d Frau Enspekter
ond d Frau Oberamtsgrichtsrat
hend e' Gschetter ond Gsalbader,
ond en Lebtag ond e Gschnader
om e' Häuptle Kopfsalat
— ach, mr ist ja soo nerfös —
wia ses ghaöt für bessre Gä's.

Nein – wenn man nur einmal abrückt von einer falsch verstandenen Schulnorm, nach der man stets in ganzen Sätzen sprechen sollte, wird man feststellen müssen, daß vieles an der gerühmten Knappheit des Schwäbischen schlicht charakteristisch ist für situationsangemessene gesprochene Sprache. Man verliert keine Worte über das, was sich von selbst versteht.

Wenn die Mutter den Sohn zum Gärtner geschickt hat, um Tomatensetzlinge zu holen, wird das hinterher nicht weitschweifig erörtert, sondern der Dialog könnte zum Beispiel so ablaufen:

Mutter: *»Hòsch kriagt?«*
Sohn: *»Jò«*
Mutter: *»Wiavel?«*
Sohn: *»Sechs«*
Mutter: *»Was hòsch zahlt?«*
Sohn: *»Vier Mark«*
Mutter: *»Waas – fer oin?«*
Sohn: *»Noi, fer älle«*
Mutter: *»Wo hòsch 's Rausgeld?«*

Dem ist nichts hinzuzufügen. Situationsgerechtes Sprechen kann aber ebenso gut auch heißen, daß zwei, die sich eigentlich nichts zu sagen, aber auch nichts Besseres zu tun haben, sich wortreich und floskelfreudig in Nichtigkeiten ergehen, *bloß daß gschwätzt isch,* wie es »Häberle und Pfleiderer« so unnachahmlich parodiert haben.

Dr Mensch braucht halt a A'spròch...

Wortkargheit kann schließlich auch als Strategie eingesetzt werden, mit der man sich erfolgreich gegen das Ausgefragtwerden wehren kann – ob aus Bequemlichkeit oder, weil man etwas zu verbergen hat. Welches Motiv bei dem folgenden Dialog (frei nach Fritz Rahn) unterstellt werden darf, mag der Leser entscheiden:

»Bisch en dr Kirch gwea?«
»Jò.«
»Vo wa hòt er-s heit ghet, dr Pfarr?«
»I moi', vo dr Send.«
»Ja, wa hòt-r nò gmoit vo dr Send?«
»Er sei dagega.«

Es wird jetzt aber allmählich Zeit, doch auch – ohne das bisher Gesagte abzuschwächen – auf einige Beispiele einzugehen, die die gängige Meinung stützen, nach der bei den Schwaben der Hang zum Wörtersparen überdurchschnittlich stark ausgeprägt sei.

Da saßen einmal im Rahmen eines Ferienlagers Schüler aus England, Frankreich und Württemberg beisammen und unterhielten sich über die Schwierigkeiten ihrer Sprachen. Der Engländer meinte: »Bei unserer Sprache ist es so schwierig, sie zu schreiben. Wir sprechen ›pliis‹ und schreiben ›please‹.« Da sagte der Franzose: »Bei uns ist das nicht einfacher. Wir sprechen ›silwuplä‹ und schreiben ›s'il vous plaît‹!« Darauf meinte unser Landsmann ganz überlegen: »Alles kein Vergleich mit dem Schwäbischen! Wir schreiben ›Wie bitte?‹ und sagen *›Ha?‹* «

Es sind vor allem die kleinen Ausrufe- und Füllwörter, die mundartliches Sprechen so bequem und mundgerecht machen. Das unscheinbare *ha'* (durch die Nase gesprochen) ist als Zuruf auch noch über einen breiten Acker oder eine Straße hinweg verständlich, und es ist an Kürze kaum zu unterbieten, höchstens durch seine atemsparende Sofa-Variante *hm?,* die vor allem beim Essen sehr vorteilhaft ist und beim Spazierengehen im Sommer, weil einem dabei keine *Mückle* in den Mund fliegen können. *Ha'* – heute oft ersetzt durch *was?* – ist zuallererst das allgemeine Fragewort. Mit Nachdruck gesprochen als Reaktion auf eine Aussage des Gesprächspartners heißt es soviel wie »Habe ich da richtig gehört? Sag' das doch nochmal!« Am Beginn eines Satzes geäußert, fordert es Zustimmung und hat etwa den Sinn von »nicht wahr?«: *Ha', des hättsch jetzt net denkt?* oder *Ha', des isch a Audole?* – eine Äußerung, in die ein Schwabe seinen ganzen Besitzerstolz hineinlegen kann.

Die unverblümte Frage *ha'?* gilt seit langem als derb. *Sait mr au' ama Pfarrer ha'?* war zeitweise eine gängige Redensart, mit der man – im Ernst oder im

Ha', des isch a Audole?

Scherz – auf das »Unschickliche« solchen Fragens hinwies. Als gewollt unhöflich gilt die noch derbere Variante *hä'*, die fast immer einen leicht gereizten oder ärgerlichen Ton mitschwingen läßt, sei es, weil man den anderen schon mehrfach nicht verstanden hat, sei es, weil man sich überhaupt darüber ärgert, daß er etwas von einem will.

Zu unterscheiden von dem Fragewort *ha'* ist das Wörtchen *ha* (nicht durch die Nase, sondern mit klarem *a* gesprochen), das man im doppelten Sinn als »Verlegenheitswort« bezeichnen könnte. *Ha, wia soll-e jetz des erklära?* Eigentlich ist es unübersetzbar, aber auch unersetzlich. Es ist eine außerordentlich beliebte Redeanknüpfung, die andeutet, daß man soeben einen inneren Widerstand überwunden hat (wobei offen bleibt, ob dieser in der Sache, in der Bequemlichkeit oder in der Abneigung gegenüber dem Gesprächspartner begründet war): *Ha, nò macha-mr-s halt so. Ha, was soll-e jetz dò au' sage'? Ha, isch jetz des net s Mühlebauers Eugen?* Oft klingt ein resignierender Ton mit. In den Verbindungen *ha no, ha noi, ha jetzt aber* kann aber auch starker Protest zum Ausdruck kommen. Die Verlegenheit zum Prinzip macht eine Verwendungsweise, bei der das Wörtchen *ha* für sich allein, begleitet von einem entsprechenden Schulterzucken, als Antwort auf eine Frage oder einen Vorwurf geäußert wird: *»Wieso bisch du jetz scho wieder mit dreckete Schuah en d Stub neidappt?« – »Ha«.* Das heißt soviel wie »kein Kommentar« und »laß mich in Ruhe« in einem. Bei der heutigen Jugend findet sich in vergleichbarer Weise der Gebrauch von »weil«

Während das Wörtchen *aha* weitgehend so wie in der Hochsprache verwendet wird, hat die genäselte Form *a'ha'* ihre eigene Bedeutung. Wird sie geäußert, während der Gesprächspartner etwas erklärt, signalisiert sie ein zustimmendes »ich habe verstanden«. Aber hier macht in besonderer Weise der Ton die Musik. Je nach Tonfall kann man mit *a'ha'* auch leichten oder stärkeren Zweifel andeuten, und ein lautstark und entschieden vorgebrachtes *a'ha'* heißt soviel wie »von wegen«, »auf gar keinen Fall«. Damit kommt es in die Nähe des eindeutig verneinenden *ha'a'* oder *a'a'*, für das es auch die bequeme Variante *hm'm* gibt.

Das nachfolgende Selbstgespräch zeigt die Verwendungsweise der aufgeführten Wörtchen im Zusammenhang:

> Ein alter Mann schaut zum Fenster hinaus in seinen Obstgarten hinunter. *»Aha, der Alfred. Was duat jetzt dear en mei'm Garta? A'ha' – an d Äpfel will-r. Ha'a', bei mir net, Bürschle!«* (Schimpft laut zum Fenster hinaus, aber der Junge stopft sich die Taschen voll und zieht dann ohne besondere Eile ab.) *»Ha, nò soll dear doch wenigstens donderschlächtig s Kremma* (Bauchschmerzen) *kriega!«*

Besonders gewandte Schwaben sollen im übrigen in der Lage sein, bei redefreudigen Gesprächspartnern eine ganze Telefonunterhaltung allein mit *aha, ha', a'ha', mhm, hmm, ha'a'* und *ha* zu bestreiten. Und dafür wäre eine Anerkennungsprämie fürs Wörtersparen schon angebracht.

Dopplet gnäht hebt guat

Dieser Satz, hinter dem bewährte handwerkliche Erfahrung steht, gilt auch für den mündlichen Sprachgebrauch. Wie leicht wird da etwas überhört oder mißverstanden. Deshalb scheut die alltägliche Unterhaltung nicht die Wiederholung. Wie oft sind Erzählungen dieser Art zu hören: *»Also gerschd ben-e uf em Märkt gwea. Dò kommt uf oimol an Ma' dòher, an Ma' sag ich dir, so an Ma' hòsch no nia gseha. Der war dr fett...«*

Eine solche Erzählweise ist keineswegs spezifisch schwäbisch. Man kann sie in einem Omnibus oder an einer Straßenecke in beliebigen Zungenschlägen belauschen. Aber das Bedürfnis nach Deutlichkeit und Nachdruck, das sich darin niederschlägt, hat in der Mundart auch dauerhafte Spuren hinterlassen.

Am auffälligsten ist die doppelte Verneinung. Jedem Logiker ein Greuel, der an die Gültigkeit des alten Satzes glaubt »duplex negatio affirmat – doppelte Verneinung bejaht«, hat die doppelte und manchmal auch dreifache Verneinung im Schwäbischen einfach eine verstärkende Funktion. Da heißt es dann: *mit deam han-e nia nex ghet* (nie etwas gehabt); *älle send se dòghocket, aber dò hòt koar koa gotzigs Wöartle rausglao* (keiner ein einziges Wörtchen); *aber des dät au' neamerd nex a'gao* (niemand etwas angehen). Seltener ist die dreifache Verneinung: *Was, dear? Ha, dear hòt doch no nia koe Geld net ghet!* (nie Geld gehabt). In diesem Fall könnte man aber auch sagen: *no nia a Geld ghet.* Wie viele andere Eigenheiten des bodenständigen mundartlichen Sprechens ist die doppelte Verneinung heute auch bei Mundartsprechern immer mehr im Rückgang.

Eine andere schwäbische Besonderheit kann ein Schwabe dagegen kaum vermeiden, selbst wenn er nur gemäßigte Mundart spricht. Das ist die doppelte Bezeichnung von Ortsangaben. *Dua au' den Koffer uf d Behne nuf!* (auf den Dachboden); *da ganza Daag liegt der Kerle onder sei'm Audo donta* (unter seinem Auto); *nadierlich ben-e krank, aber i ka' doch net da ganza Daag ens Neschd nei'leiga* »mich den ganzen Tag ins Bett legen« oder »den ganzen Tag im Bett liegen«.

Zur verstärkenden Verdopplung zu rechnen sind auch die Zwillingsformeln, die freilich nicht auf die Mundart beschränkt sind. Ihre besondere Wirkung ergibt sich aus der klanglichen Ähnlichkeit der beiden Glieder und daraus, daß mit leichten Bedeutungsunterschieden derselbe Sachverhalt

Wia ka' mr au' da ganza Daag ens Neschd nei'leiga?
(Carl Spitzweg: »Der arme Poet«)

zweimal ausgedrückt wird. Dabei ist es nicht unbedingt nötig, daß beide Bestandteile voll verständlich sind. Im Schwäbischen sagt man zum Beispiel: *»Wia gòht's au' de Kender?« – »Danke, gsond ond gfräß!«*(gefräßig). Diese Redensart scheint heute, im Zeitalter gesundheitsbewußten Essens, etwas merkwürdig. Zu Zeiten, als man nicht immer und überall etwas zu essen bekommen konnte, galt der »gesunde Appetit« als Beweis für das Wohlergehen.

Wenn man die Wahrheit einer Aussage heftig bestreitet, sagt man: *Des isch verstonka ond verloga!* Und wenn sich einer eine üble Abfuhr geholt hat oder vom Unglück geschlagen ist: *Der isch au' bürscht ond gstrählt!* (gebürstet und gekämmt) – im heutigen Jargon könnte man dafür einsetzen »gründlich bedient«.

Sehr drastisch sagt das auch eine andere Redensart, mit der man vor allem ausdrückt, daß jemand mit allerlei Krankheiten geschlagen ist: *Der hòt Läus ond Flea!* (Flöhe).

In unterschiedlichen Aussprachevarianten hört man die Formeln *romp ond stomp* und *rutzabutz* oder *ratzebutz,* die beide »ganz und gar« bedeuten. Auch das Sprichwort *Schmiera ond salba hilft allethalba* (oft mit dem vielsagenden Zusatz *hilft's net bei de Kärra, nò hilft's bei de Herra)* enthält eine Zwillingsformel. Im Schwäbischen sind *schmiera* und *salba* im wörtlichen wie im übertragenen Sinn gleichbedeutend. Ob man sich als Kind die Kleider mit *Karrasalb* oder mit *Wagaschmiere* verdorben hatte, machte keinen Unterschied.

Festzuhalten ist also, daß die Mundart nicht einseitig auf die Tendenz zur Verkürzung und Vereinfachung festgelegt werden kann, sondern daß sie ebenso auch Formen der verdeutlichenden und verstärkenden Erweiterung ausgebildet hat.

Vrdruckt ond gradraus

Generationen von Schwaben haben sich mit kaum verhohlenem Stolz jene Selbstcharakterisierung des Tübinger Professors von Wurster zu eigen gemacht, die uns durch August Reiff überliefert wurde:

»Ufrichtig und gradraus;
Guetmüetig bis dortnaus,
Wenn's sei mueß, au saugrob,
Dees ischt a Schwob.«

Die einschlägige Literatur hat sich vor allem des Klischees vom »saugroben« Schwaben angenommen. Ein Vergleich der Auflagen der »Tübinger Gògenwitze« durch die Jahrzehnte hat ergeben, daß gerade dieser Aspekt bis hin zum Unflätigen ständig ausgebaut wurde. Auch die »Schwäbischen Schimpfkalender« sind eine recht junge Erscheinung und enthalten vieles, was bestenfalls als notdürftig eingefärbte Importware bezeichnet werden kann.

Trotzdem ist natürlich nicht zu bestreiten, daß die Sprache »des Volks«, geprägt von den handfesten Erfordernissen schwerer körperlicher Arbeit und kaum gezügelt von den Konventionen vermeintlicher und tatsächlicher Wohlanständigkeit, die Dinge direkt und unbefangen beim Namen nannte und Gefühlen keinen Zwang antat. Das zeigen die deutlichen Ausdrücke für körperliche Vorgänge, die häufige Verwendung von Übertreibungen und steigernden Zusätzen wie *blitz-, millions-, allmachts-* und die mitleidlos treffende Kennzeichnung körperlicher und geistiger Eigenschaften der Mitmenschen. Da heißt man einen zu kurz geratenen Mann *Knorz* oder *Stompa,* einen großen und dünnen *dürre Latt;* bei einer mageren Frau gehen die Möglichkeiten von der *Bohnastang* über die *Habergoiß* (Weberknecht) bis zur *Häddel* und, vor allem bei Mädchen, zum *Dürrele* und *Dürftele.* Für die Bezeichnung des Gegenteils stehen ebenfalls drastische Ausdrücke wie *Bombel, Kalbel* oder *Blotzkosel* (wörtlich ein mit Buttermilch gemästetes Schwein) zur Verfügung.

Dieser Direktheit und Derbheit steht auf der anderen Seite eine auffallende Zurückhaltung gegenüber, die man auf schwäbisch als *vrdruckt* bezeichnet. Sie ist besonders in Altwürttemberg verbreitet, wo die staatlichen und kirchlichen Verhältnisse dazu beigetragen haben, daß sich eine Haltung entwickeln konnte, die vom Widerspruch zwischen Wollen und Dürfen geprägt ist, bedrückt von einem moralischen Anspruch, dem man sich häufig nicht gewachsen fühlt. Die harmloseste Erscheinungsweise dieser Haltung ist ein aus nüchternem Realitätssinn gespeistes »diplomatisches Verhalten», wie es in einer Erzählung Fritz Rahns beispielhaft zum Ausdruck kommt:

Unerschrockenheit

Die Geislinger Steige zieht sich für einen, der zu Fuß gehen muß, ziemlich lang hin. Die Steige mußte einmal der Lettenbauer nach Amstetten hinaufsteigen, nachdem er dem Oberamtmann in Geislingen gründlich seine Meinung gesagt hatte. Wie er heimkam, erzählte er den Streit seinem Weib »*Also heut han e s dem Oberamtma' do dronta aber grendlich gsait. Den hau-n-i älles ghoißa, was mr oin no' hoißa ka'.*«

»Aber om s Hemmels Willa« ruft die Frau; *»Ma', dees hasch dau'? Do wurscht jo ei'gsperrt, paß no uff!«*
»Ha noi', Weib« erwidert der Bauer, und dabei sprach er weniger laut; *»sell net. Woischt, net en s Gsicht nei' hau-n-e s em gsait, bloß nochher, wie-n-e alloi' d Stoig nuff gloffa be'.«*

Den Widerstreit zwischen dem Bedürfnis, seine Meinung zu sagen, und der auferlegten Zurückhaltung bringt am besten die drastische, aber eben doch resignative Redensart zum Ausdruck: *» Oh, dò möcht' oim doch au' grad s Fiedla schwätza!«* mit der man immerhin kundtut, wie schwer die Zurückhaltung fällt.

Problematisch wird es, wenn diese erzwungene Zurückhaltung umschlägt in Aggression, wenn die Faust nicht mehr nur in der Hosentasche geballt wird. Sehr anschaulich zeigt das der folgende Witz:

Im Gedränge einer voll besetzten Straßenbahn tritt ein Fahrgast versehentlich einem anderen auf die Zehen. Er entschuldigt sich sofort, aber der andere beschimpft ihn in unverschämter Weise und fängt immer wieder von neuem an, bis er endlich aussteigt. Der Freund des so Beschimpften fragt diesen: *»Jetzt sag amol – der hoißt di älles, ond du horchsch dir des seele'-ruhig a' ond sechsch koin To'?« »Oh, was hätt-e au' sage solle': Der hòt jò sei' Stròf.« »Was soll des hoißa, der hòt sei' Stròf?« »Woisch, solang der so gschempft hòt, han-e dem ganz hehlenga mit mei'ra Zigarett a Loch en Mantel nei'-brennt!«*

Der Schwabe stellt sich gern auf den Standpunkt: *I denk mr mei' Sach!* Er spendet also beispielsweise nach einem Vortrag höflich Beifall und *bruddelt* dann auf dem Heimweg vor sich hin: *»Ha, so hätt-e-s nò au' noh könna!«* Er hält nichts davon, Meinungsverschiedenheiten immer gleich offen auszutragen. Das steht nicht im Widerspruch zu der immer wieder unterstellten Grobheit, sondern kann bis zu einem gewissen Grad sogar zu deren Ursachen gezählt werden. Ein Beispiel:

Der Müller Wilhelm erwähnt beiläufig gegenüber dem Wagners Fritz, daß er sich überlege, ob er nicht seine Talwiese verkaufen sollte. Dieser versteht das als ein indirektes Angebot, und da ihm diese Wiese schon lange ins Auge sticht, treibt ihn die Sache die ganze Zeit um. Nach etwa zwei Wochen trifft er den Wilhelm zufällig vor der Kirche und begrüßt ihn mit den Worten: *»Ha, des isch jetz grad gschickt, daß i di triff. Was isch jetz mit deara Wies?«*

Auf den Außenstehenden dürfte dieses Verhalten plump und ungehobelt wirken. Dem Wagners Fritz ist das gar nicht bewußt, weil er ja »im Kopf« schon längst mit seinem Gegenüber im Gespräch war.

Manchmal ist es auch eine andere Art und Weise, ein Wort zu verwenden, die bei Nichtschwaben den Eindruck der Grobheit hervorruft.

Bei einer Studienfahrt fragte eine Teilnehmerin, als man noch nicht allzu lange unterwegs war, zaghaft beim Reiseleiter an, ob man nicht irgendwo kurz anhalten könne, um Verpflegung zu kaufen, sie habe vor der Abfahrt nichts mehr essen können. *»Ha des isch jetz aber mòl domm...«* gab der Reiseleiter zur Antwort, worauf die Fragende beleidigt abzog. Es war eine Nichtschwäbin, die nicht wissen konnte, daß der Reiseleiter mit seiner Äußerung zunächst nichts weiter ausdrücken wollte – wahrscheinlich sogar mit einem gewissen Bedauern –, als daß dies nicht ohne weiteres zu machen sein würde. Keinesfalls war diese Äußerung als Kommentar zu den intellektuellen Fähigkeiten der Fragenden gemeint.

Eine ähnliche Wirkung hatte häufig auch das *Hoppla!*, mit dem sich früher viele Schwaben »entschuldigten«, wenn sie jemand mit einer sperrigen Traglast gerempelt oder sonst durch Unachtsamkeit etwas angestellt hatten. Im Zuge der wachsenden Weltläufigkeit verfügen heute natürlich auch die Schwaben über passende Formeln für solche Gelegenheiten. Aber nach wie vor ist manchmal der Stoßseufzer angebracht: *»'s kommt halt oft ganz andersch raus, wia ma's moi't!«* So wie in der Geschichte, die Martha Arnold-Zinsler erzählt hat:

Mit so Komplimenter do dean sich schwäbische Männer von jeher a weng schwer, ond wenn se oim amol was netts saget, no ka's ganga wia neilich. Hab i do mein neia Huet aufghett, wia i em Lade eikauft hab; dr Schef hot me bedient. Auf oimol hot er mi aguckt ond hot gsagt: »Sia hen aber an schicka Huet, Donnerweddr!« No hab i mi gfrait. No hot er gsagt: »Der reißt älles raus!«

Schwierig wird es mit der Unhöflichkeit da, wo bereits das Ausbleiben einer Reaktion als solche verstanden wird. Das kann auch unter Schwaben selbst – sogar zwischen Ehepartnern – vorkommen. Daß diese »gebremste« Reaktion vielleicht doch ein bißchen als Stammeseigentümlichkeit gelten kann, deuten einschlägige Redensarten an wie: *»Dear lachet bloß uf de Stockzäh'«* (öffnet beim Lachen den Mund nicht), in einem weiteren Sinn: »reagiert kaum« . Besonders für neugierige Leute ist das ärgerlich: *»I hao-n-en gfròget, wia des jetz sei mit sei'ra Lisa, aber er hòt net dergleicha dao«* (sich nichts anmerken lassen, nichts herausgelassen). Sehr deutlich sagt die Redensart *Fròg me net, nò lüeg-e net!*, daß man nicht in Verlegenheit gebracht werden möchte.

Offenbar handelt man vorsichtshalber am liebsten nach dem Grundsatz: *»Wegem Denka ka' mr koin henka, aber wegem saga s Maul verschlaga!«*

Da also offenbar die Abwehrstrategien kräftig ausgebildet sind, ist es nicht verwunderlich, daß auch die Fragetechniken neue Wege gehen müssen, wie folgender Dialog einer Wirtin mit ihrem Gast zeigt:

Wirtin: *»Sie send au' net von hier«* .
Gast: *»Noi'.«*
Wirtin: *»Drom«* .

Dieses *drom* dürfte schon manchen ursprünglich gesprächsunwilligen Gast zu einer Rückfrage und damit zum Beginn eines Gesprächs provoziert haben. Mich fragte einmal die Wirtin eines kleinen Lokals, als sie mir das bestellte Weizenbier brachte: *»Gelletse, Se hen doch koi' Zitrone'scheib en Ihr Weize'bier wella?«* Als ich verneinte – *»Dò hend Se recht. Des nemmt bloß da Schaum.* (Pause) *I hätt nò au' müessa extra oina a'schneida!«*

Man sieht, das *ufrichtig ond gradraus* hat auch bei den Schwaben seine Grenzen, und ihre Mundart hindert sie nicht daran, bei Bedarf geradezu diplomatisches Fingerspitzengefühl an den Tag zu legen. Die harmlose Frage *Hòsch du net wella zom Ei'kaufa ganga?* kann je nach Situation ein ziemlich deutlicher Vorwurf sein oder andeuten, daß man damit gerechnet hatte, zu Hause ungestört zu sein.

Hòsch du net wella zom Ei'kaufa ganga?

Goetz von Berlichingen.

In diesem Zusammenhang muß auch die Kunst der verhüllenden Rede erwähnt werden, die Schwaben so gut wie andere Leute beherrschen. So sagt man von einem seltsamen Kauz zartfühlend er sei *a bißle eiga,* von einem Geizhals, *dear isch au' net vo Schenkazell,* und als Schulkinder pflegten wir die Mitteilung, daß uns jemand die Sicht versperrte und weggehen sollte, in die Frage zu kleiden: »*He, isch dei' Vadder Glaser?*« Von ungeahnter Vielfalt sind die Umschreibungen des »Schwäbischen Grußes« . *Du ka'sch mi em Adler treffa* enthält fast noch zu viele Anklänge an die Originalfassung. *Komm mr du uf d Kirbe* oder *dean han-e uf d Kirchweih glada* geben sich da schon subtiler und wenn es dann vollends heißt: »*Du ka'sch me bsuacha am dritta Sonntich em Oktober!*« (nämlich dem Kirchweih-Sonntag), dann muß man diesem hohen Maß an Verhüllungskunst eigentlich Respekt zollen. Den gleichen Effekt kann man allerdings auch mit weniger Aufwand erzielen, indem man einfach sagt: »*Witt me net...?*« Aber damit wären wir schon wieder in der Nähe der Grobheit gelandet.

...aber nicht aufs Maul gefallen

Vom treffenden Wort in verschiedenen Lebenslagen.
Bildkräftiges Schwäbisch.
Was manche Redensarten über
frühere Zeiten verraten.
Fremde Federn als Schmuck.

Das rechte Wort am rechten Platz

Nach den Ausführungen des vorigen Kapitels über das Wörtersparen wird man sich ein bißchen wundern, wenn man bei Friedrich E. Vogt in seinem Gedicht »Hochdeutsch und Schwäbisch« folgende Zeilen zum Lob der Mundart liest:

Dò pflatschts
ond dort läbberts
Dò bomberts,
dort schepperts.
Dò kommt's wia Orgelbrausa drher,
dort wia Klaviergeklemper.
(...)

Am volleren Klang des Schwäbischen ist nicht zu zweifeln. Die kräftigen Zwielaute der Grundmundart, der häufige Verzicht auf die schwachtönenden Nebensilben ergeben ein farbiges Klangmuster. Aber wie steht es mit den vielen Registern, die man angeblich in der Mundart ziehen kann?

Als Antwort auf diese Frage verweist man in der Regel auf den unglaublichen Reichtum des mundartlichen Wortschatzes. Zu meiner Schulzeit wurde dieser unter Schulbuben voll Schwabenstolz und mit unverhohlenem Vergnügen an den derben Ausdrücken mit folgender Geschichte »bewiesen«:

Bei einem Halt auf einem ländlichen Bahnhof ertappt ein Eisenbahnschaffner einen Fahrgast, wie er von der »Plattform« des Wagens aus – man sieht, es ist schon etliche Jahre her – einem offenbar sehr dringenden Bedürfnis nachgibt. Das geht natürlich entschieden zu weit, und so stellt der Schaffner den Übeltäter wortgewaltig zur Rede: *»Ha, jetzt moi't des Büable, s dürft sei' Bächle na'macha, wo's grad gòht ond stòht! Ja Sia, glaubet Sia velleicht, Se dirftet na'bronza, wo se no au' wellet? Wenn Se scho so a schwacha Blòs hent, daß Se s Biisela net vrhebe kennet, nò ganget Se gefälligst dò na', wo anderleit au' na'ganget! A so a Sauerei, no grad so auf da Bah'stoig schiffa! Wenn dò a jeder so sei' Wasser abschlaga dät, des wär jò zom Davo'laufa! Noi', noi' – wer soicha will, soll des macha, wia sich's gheert. Dò drfir hent mir a Häusle!«*

Ob die Geschichte nun wahrscheinlich ist oder nicht – sie demonstriert jedenfalls, was demonstriert werden soll: Das Schwäbische hat zur Bezeichnung eines Sachverhalts eine Fülle von Ausdrücken zur Verfügung.

Man darf dabei aber dreierlei nicht übersehen. Erstens gehören die Ausdrücke oft unterschiedlichen Stilebenen an, wie hier *Bächle macha* zur

Kindersprache, zweitens werden in solchen Demonstrationsbeispielen häufig Ausdrücke verschiedener Landschaften nebeneinander verwendet, und drittens ist nur für bestimmte Bereiche der Wirklichkeit ein so reichhaltiger Wortschatz zu verzeichnen. Es empfiehlt sich deshalb, den schwäbischen Wortschatz einer genaueren Betrachtung zu unterziehen und Aussagen über seinen Reichtum mit Bedacht zu treffen.

Nehmen wir nur einmal das im Schwäbischen allseits beliebte Wort *Sau.* Was ist nicht alles *saumäßig?* Was läßt sich nicht alles mit *sau-* abwerten oder steigern – vom *Sauwetter* über den *Saukrach* bis zu *dene Saukärra* (eine sehr beliebte Bezeichnung für die Autos anderer Leute, hauptsächlich, wenn sie in größerer Zahl auftreten) und von der *sauschwera Hausaufgab* bis zum *sauguata* Kartoffelsalat! Auch als Schimpfwort bietet *Sau* vielfältige Verwendungsmöglichkeiten, wobei der ihm innewohnende beleidigende Gehalt oft nicht auszureichen scheint oder noch einer Präzisierung bedarf, denn auffällig häufig sind Zusätze wie *alte Sau, daobe Sau, wüaschte Sau.*

Diese allbekannten übertragenen Verwendungsweisen lassen fast in Vergessenheit geraten, daß *Sau* zuallererst die allgemeine Gattungsbezeichnung für »Schwein« ist. (Das Wort »Schwein« kommt im Schwäbischen nur im Zusammenhang mit dem Fleisch vor *(Schweines)* und in der Redewendung *Schwein han* (Glück haben).

Deshalb hatte sich auch jener Metzger gar nichts dabei gedacht, als er seinem Pfarrer, den er – in Ermangelung einer anderen Transportgelegenheit

– gefälligerweise auf seinem Wägele mitgenommen hatte, auf die Frage nach dem Fuhrlohn zur Antwort gab: *»Ha, fer d Sau kriag-e sonst a Mark!«*

Da die eigene *Sau* natürlich ein vertrautes und, im Blick auf künftige Genüsse, mit besonderem Wohlwollen betrachtetes Haustier ist oder war, wird sie häufig auch mit dem ursprünglich zur Kindersprache gehörenden Wort *Butzel/Botzel/Botschel* bezeichnet, das den positiven Gefühlsgehalt stärker zum Ausdruck bringt. Wenn nun *Sau* als allgemeine Gattungsbezeichnung dient, dann braucht man im Schwäbischen für die Bezeichnung des »Mutterschweins« zwangsläufig ein anderes Wort. Da findet man dann *Kosel* (mittelschwäbisch), *Dausch/Suckel* (Norden), *Los* (Süden und Südosten) und *Mor* (Südwesten). Als Wörter der bäuerlichen Fachsprache blieben diese Ausdrücke auf die jeweilige Gegend beschränkt. Der einzelne Sprecher benutzte also in der Regel jeweils nur eines dieser Wörter. Deshalb eignen sich solche Beispiele nicht als Argument für die Behauptung, das Schwäbische habe einen größeren Reichtum an Wörtern als die Hochsprache – was im Hinblick auf den Gesamtwortschatz sowieso nicht stichhaltig wäre.

Ergiebig ist dagegen, zu untersuchen, wie die Mundart den für die bäuerliche Wirtschaft wichtigen Sachbereich »Schwein« fachsprachlich weiter untergliedert. Da ist das »Ferkel«, das im Süden *Ferle,* im Norden *Suckele* oder *Säule* heißt, dann das halbgewachsene, entwöhnte Schwein, das man als *Läufer* bezeichnet. Ferner finden sich die Ausdrücke *Bais/Baisel* für den Zuchteber und *Barg/Bärg/Bätz* für das kastrierte männliche Schwein, *Nonne* für sein weibliches Gegenstück. Diese fachsprachlichen Wörter gingen kaum in den allgemeinen Sprachgebrauch ein und sind deshalb auch als Schimpfwörter ungebräuchlich. Ob ein Wort auch im übertragenen Sinn gebraucht wird, hängt mit seiner Häufigkeit und seinem Gefühlswert zusammen. So werden *Butzel* und *Suckel* auch als Schimpfwörter für eine unreinliche Person verwendet; die abgeleiteten Zeitwörter *butzla* und *suckla* (etwas Flüssiges verschütten, kleckern) haben im Schwäbischen allgemeine Verbreitung gefunden, wie auch das *Suckele* (kleines Kind), insbesondere in der Form *Mammesuckele* (Kind, das immer am Rockzipfel der Mutter hängt).

Zwoe Säula

Ein anschauliches Beispiel für die begriffliche Aufgliederung eines Wirklichkeitsaspekts im Wortschatz der Mundart liefert auch das Thema

»Brennholz« . Die großen Fichten- und Tannenäste aus einem *Reisschlag* wurden mit der *Hòp,* einem großen Haumesser, zu *Wella* oder *Bengel butzt* (geputzt) und dann zu Hause zerkleinert. Das Stammholz wurde für Kamin- oder Kachelofenfeuerung längs gespalten in *Scheiter* – auch heute noch kann man an vielen Orten an den stattlich aufgeschichteten Holzvorräten ablesen, was es heißt, wenn jemand *Schulda wia Scheiterbeiga* hat. Für die Ofenfeuerung mußten die Stämme in *Rugla, Wargla* oder *Hurgla* zersägt werden, wozu man in meiner Jugend den *Säger* mit seiner fahrbaren Bandsäge bestellen konnte. Anschließend wurde das Holz dann auf dem *Spaltklotz/Spaltstock/Spaltblock* in *Scheitla/Spältla/Spälter* zerlegt, sofern es nicht für das feinere Anfeuerholz zu *Spächela/Spreißel/Spreidel* verarbeitet werden mußte.

Ebenso wie der Bereich der Arbeit wird auch der Bereich des Allgemeinmenschlichen im schwäbischen Wortschatz sehr gründlich und differenziert abgedeckt. Als Beispiel sollen hier die »Atemgeräusche« dienen.

Das allgemeine Wort heißt im Schwäbischen nicht »atmen«, sondern *schnaufa.* Wenn jemand lästig wird mit der Frage: *»Wa duascht?«,* fertigt man ihn ab mit der Wendung: *»Schnaufa, daß-e net vrstick!«* Will man einem Frager deutlich machen, daß eine Sache so geheim ist, daß man eigentlich überhaupt nicht davon reden sollte, kann man sagen: *»Oh, des vrträgt s Schnaufa net!«*

Was in der Hochsprache »schnaufen« heißt, nämlich »schwer und hörbar atmen«, »keuchen«, das nennt man im Schwäbischen mit vielen regionalen Varianten – *drensa/dre'sa/drosa/droischga* oder *bläschga,* weshalb von einem Asthmatiker wenig feinfühlend als von einem *Bläschgamichel* gesprochen wurde. Heftiges und stoßweißes Atmen bezeichnet man als *schnappa.* Wird hörbar durch die Nase geschnaubt, nennt man das in manchen Gegenden *pfausa/pfnausa;* im Ostschwäbischen sagt man *pfnusa/pfnüsla.* Diese zuletzt genannte Form findet sich auch im Alemannischen, wo man außerdem *Pfnüsel* für »Schnupfen« antreffen kann.

Wird ein Schwabe vom Schnupfen befallen (den er *Katarrh* oder *Schnuder/Schnoder/Schnuderete* nennt – auch die Formen *Schnuppet/Schnufert/Schnopf* sind überliefert –), dann muß er *schnodera* (schleimrasselnd atmen oder schneuzen), *rotza/rotzla* und *niesa,* wofür es im Allgäu das schöne Wort *pflützga* gibt. Beim Schlafen wird er dann zwangsläufig *schnarchla* oder *schnarfla,* wenn es besonders schlimm ist, auch *hirchla* (röcheln).

Setzt sich der Schleim auf die Brust, dann muß man *koldera* oder *sporzla,* nämlich den Schleim aushusten. *Huasta* und *hüastla* ist auch im Schwäbischen üblich. Das muß man auch, wenn man sich *vrkirnt* (verschluckt) hat. Wenn man dagegen den Schluckauf hat, muß man *gluzga/gätzga* oder *hecka.* Als Kind wurde mir in diesem Fall folgende Beschwörungsformel empfohlen:

»Hecker Zigecker,
gang über da Necker,
gang über da Rhei',
fall mittla dranei«!

Geholfen hat sie aber nicht, soweit ich mich erinnern kann, obwohl ich sie mit kindlicher Inbrunst gesprochen habe. Da war der Rat, dreimal leer zu schlucken, noch hilfreicher.

Wie die angeführten Varianten zeigen, ist es auch im Bereich der körperlichen Vorgänge und des menschlichen Verhaltens oft schwer zu unterscheiden, wo es sich noch um dasselbe Wort in unterschiedlichen Lautungen, wo um verschiedene Wörter handelt und bei diesen, ob sie jeweils nur für eine bestimmte Gegend gelten oder nebeneinander gebraucht werden. Ein besonders ausgeprägtes Beispiel für die Mischung aller drei Erscheinungsformen liefert die Wortkarte für das Wort »weinen« , die folgende Variante verzeichnet: *blärra/bläara/flärra; bralla/brella/briala; breaga/briaga; greina/heina; schreia;* im äußersten Südosten auch noch *bella/bölla* und *fuda.* Die größte Verbreitung dürfte heute *heila* haben, das sich auch in der Redensart findet: *»Dia send so arm, daß d Mäus mit vrheilde Auga d Behnestiag ra'kommet!«*

Die zahlreichen regionalen Unterschiede gerade bei diesem Wort erlauben es jeder Gegend, sich den vielfach überlieferten Witz »anzueignen«, der hier in einer Fassung aus dem Allgäu wiedergegeben wird, wie sie Sepp Zwerch aufgeschrieben hat:

D' Baabed auf dr Leich

D Baabedd hot auf d' Leich von am alde Veddr in a Dorffaare miasse, wo se no nie gwäe isch. Und weil se idd g'wißd hodd, wie ma dedd dued, hodd se a andere Bääs vom Ord g'froged: »Bläared be bei ui scho vom Haus wäg, odr eeschd auf'm Goddsackr?«

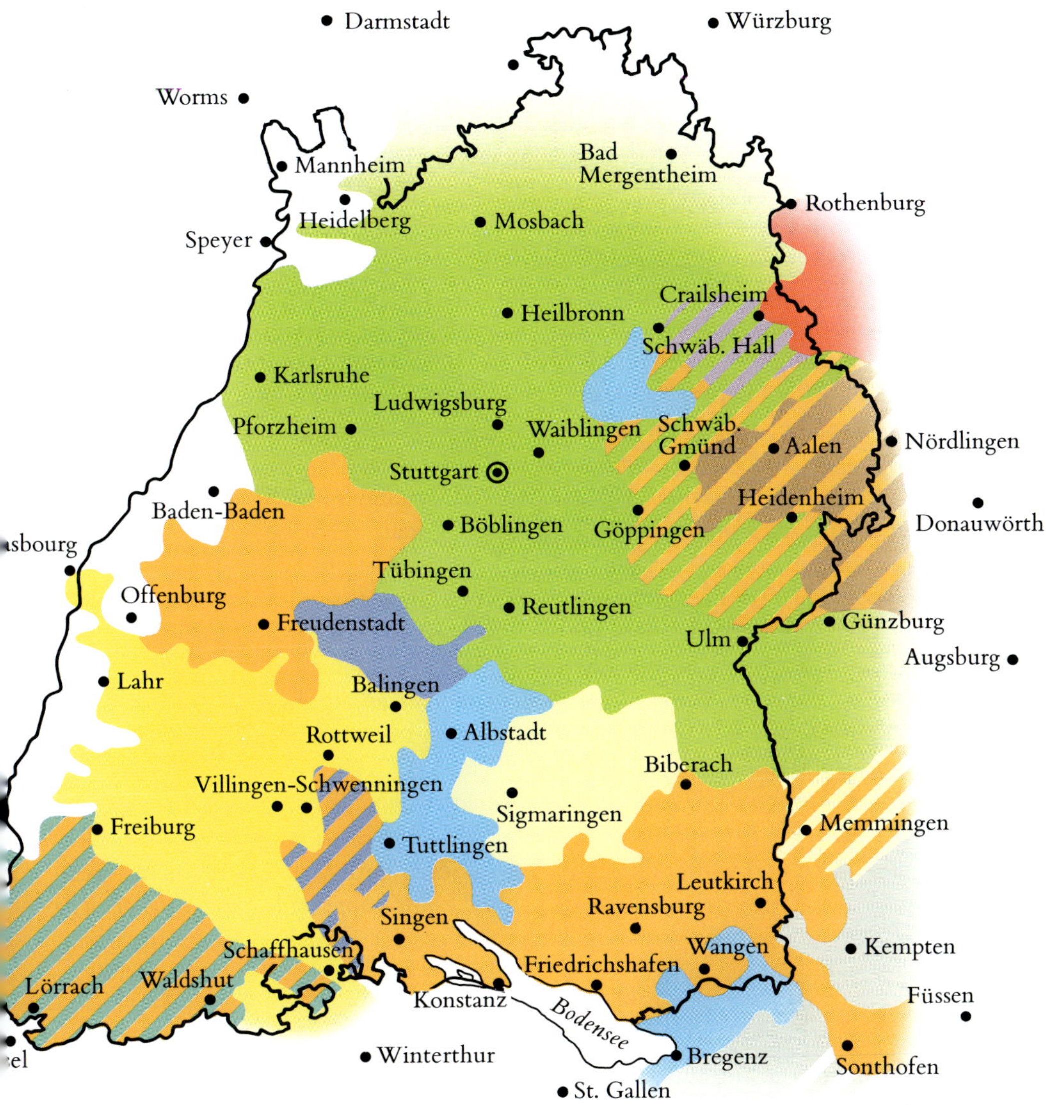

Mundartliche Bezeichnungen für »weinen« (jeweils vorherrschende Form)

- *blärra/blära/bleara*
- *heila/heula*
- *hüla*
- *brülla/briala/brella*
- *heina/höina*
- *rära*
- *briaga/breaga*
- *schreia, hat gschrea/hat gschraua*
- *bella*
- *greina, hat grena/hat greint*
- *bfusen*

Immer wieder kam und kommt es vor, daß Wörter, die ursprünglich nur in einer bestimmten Gegend galten, sich verbreiten und so neben andere treten, die denselben Sachverhalt bezeichnen. Das Schwäbische verfährt in solchen Fällen wie andere Sprachen auch: Die zunächst gleichbedeutenden Wörter werden zur feineren Unterscheidung von Bedeutungs- oder Stilnuancen verwendet oder die Vervielfachung der Ausdrucksmöglichkeiten wird als überflüssig empfunden und nach und nach dadurch rückgängig gemacht, daß die überflüssigen Wörter wieder außer Gebrauch kommen.

Das gilt aber nur für jene Wörter, mit denen ein Gegenstand oder ein Sachverhalt des Alltags möglichst eindeutig bezeichnet werden muß, damit es bei der Arbeit nicht zu unnötigen Rückfragen oder Mißverständnissen kommen kann.

Es gibt aber in der alltäglichen Verständigung auch das gegenteilige Bedürfnis, daß nämlich ein Sachverhalt gerade nicht bei seinem richtigen Namen genannt werden soll – sei es, daß man »Unschickliches« umschreiben oder allzu Triviales durch scherzhafte Benennung interessant machen möchte. Hier erweist sich die Mundart als außerordentlich schöpferisch.

Ein drastisches Beispiel liefern die Bezeichnungen für »Durchfall«, bei denen von der zartfühlenden Andeutung bis zur derb-anschaulichen Umschreibung der Reichtum des Schwäbischen an Nuancen und Bildern voll zur Geltung kommt:

s A'weicha, d Bauchbädsche, d Lochschnättere, s Nabelsurra, d Scheißete, d Scheißerei, dr schnelle Gang, s schnelle Fritzle, d Schnellkätter, d Strudelfurzet. Daß es auch »fein und vornehm« geht, bewies jener gute Mann, der seinem Nachbarn zurief: *»Karle, was sprengsch so? Ma' kennt moina, du hättesch Eilguat en de Hosa!«*

...ob e koi' Hop häb?

Jedem arbeitenden Menschen ist sein Gerät wichtig. Er muß es genau und knapp bezeichnen können, damit es bei der Beschaffung nicht zu Mißverständnissen kommt und während der Arbeit eine rasche und eindeutige Verständigung gesichert ist. So ist es nicht überraschend, daß wir im Schwäbischen gerade im Bereich der bodenständigen Berufe einen besonders reichhaltigen Wortschatz vorfinden. Allerdings haben die Veränderungen in der Arbeitswelt die Geräte und Arbeitsvorgänge der früheren Jahrhunderte längst in Vergessenheit geraden lassen, und mit ihnen sind auch die Wörter verschwunden, soweit sie nicht in einem übertragenen Sinn überlebt haben oder in Redensarten weiter überliefert wurden.

Das gilt heute fast schon von der *Seges* (Sense), dem *Worb,* an dem sie geführt, dem *Dengelstock* oder *-stoi'* auf dem sie scharfgedengelt wurde, und vom *Wetzstoi',* den man im *Kompf/Ko'pf* bei sich trug. Vergessen sind auch die mancherlei Sprüche, die man beim Wetzen hersagte, um im Rhythmus zu bleiben. Aus Hundersingen bei Riedlingen ist der folgende Wetzspruch überliefert:

Witze, watze wie du witt,
Schlechte Mähder haut es it.

Ein anderer hat Karl Häfner zu einem Gedicht inspiriert, das ein kleines Stück einer vergessenen Welt wieder lebendig werden läßt:

Em Heuet

Dr Wetz ischt nex!
tuet s überaall,
Dr Wetz ischt nex!
em weite Tal.
Ond raß! ond risch!
s ischt morgefrisch,
ond risch! ond raß!
s Gras ischt guet naß,

ond d Seges haut,
do hot s koa Naot,
daß nex maeh stoht,
bis d Sonn ufgoht.
Dr Wetz ischt nex!
mit deam Spruch isch fei deesmol nex.
Dr Wetz ischt heut e gueter,
dees Gras geit e guets Fuetter.

Für die mundartliche Fachsprache ist bezeichnend, daß in der Regel jedes Gerät seine eigene Bezeichnung hatte. Im Unterschied dazu wird in der Hochsprache in neuerer Zeit die differenzierende Bezeichnung meistens durch Zusammensetzung des allgemeinen Grundworts mit einem spezifizierenden Bestimmungswort gebildet. Am Beispiel der Körbe läßt sich das eindrücklich studieren.

Dem Schwäbischen fehlt schon der allgemeine Ausdruck »Korb« . Deshalb sind zusammengesetzte Bezeichnungen mit diesem Grundwort auch nicht zu erwarten. So gibt es eben keinen »Henkelkorb« oder »Armkorb«, sondern einen *Kratta/Krätta.* Im mittleren Bereich des Schwä-

Nix wia Krätta!

Krattamacher oder Schiidamacher – sell isch mir ois!

bischen wird mit diesem Wort auch der Holzkorb mit zwei Griffen bezeichnet, und der »Korbmacher« heißt *Krattamacher.* Im übrigen Gebiet ist dagegen der *Kratta* nur der Henkelkorb, der am Arm getragen wird; der große Weidenkorb für Holz oder Kartoffeln heißt im östlichen und südlichen Teil des Schwäbischen *Zaina/Zoina/Zierna,* im Westen *Schiid.* Dort heißt dann auch der »Korbmacher« *Schiidamacher.*

Von besonderer Vielfalt waren die Rückentragekörbe. Da gab es bei den Weingärtnern die *Hutt* und das *Reff; Kreba* bezeichnete nicht nur einen bestimmten Korb, sondern auch andere Formen eines Weidengeflechts bis hin zu einem eingemachten Raum für Schweine und anderes Kleinvieh. Bei Krämern, Hausierern und Bäckerjungen sah man die *Krätz,* ostschwäbisch *Kreetz,* einen besonders großen Rückentragekorb.

Bei Bäckern und Müllern wurde für das Mehl die *Wann* – ebenfalls ein geflochtener Korb – verwendet. Der Brotteig wurde in das *Loibkrättle* oder *Wannkrättle* gelegt, das aus Stroh geflochten war. Auch der Ausdruck *Loibkörble* kommt vor, mit dem das Wort »Korb« dann wenigstens auch einmal zu seinem Recht kommt.

Wenn sich im Schwäbischen zur Bezeichnung von Geräten nicht in gleichem Maße Zusammensetzungen finden wie in der Hochsprache, dann liegt das nicht daran, daß es diese Wortbildungsmöglichkeit nicht gäbe. Zur genaueren Unterscheidung spricht man bei Bedarf ohne weiteres von der *Krombiiraschiid* (Kartoffelkorb), der *Holzschiid,* dem *Oierkrätta,* der *Armkreetz* und der *Buckelkreetz,* von der sich im übrigen der Ausdruck *Buckelkreetza macha* für »Huckepack nehmen« herleitet. Auch von *Tragreff* wird gesprochen, wenn man diesen Rückenkorb eindeutig gegen anderes Flecht- und Lattenwerk abgenzen muß, das ebenfalls als *Reff* bezeichnet werden kann.

Wenn man also bei der Benennung der Geräte zunächst nicht so verfahren ist, sondern jedem Gerät einen eigenen Namen gegeben hat, dann liegt das wohl nicht nur daran, daß dies die ältere Art der Benennung ist, sondern es zeigt sich darin, da diese individuellen Bezeichnungen näher beim Eigennamen stehen, auch der vertraute Umgang mit dem Gerät.

Das gilt sicher auch für die in der Überschrift genannte *Hòp* – anderswo auch als *Schnaup/Schnaiple/Schnaia* bezeichnet –, das »Haumesser mit abwärts gekrümmter Spitze«, das bei der Waldarbeit wie – in kleinerer Ausführung als Rebmesser – im Weinberg unentbehrlich war.

Der typisch schwäbische Hang, neben dem Einerseits stets auch das Andererseits zu seinem Recht kommen zu lassen, zwingt hier dazu, dem Eindruck entgegenzusteuern, die Schwaben seien Genauigkeitsfanatiker. Sie nehmen es schon gern genau, aber wenn die Umstände danach sind, schätzen sie auch den Reiz des Unbestimmten. So finden sie das Verlegenheitswort *Deng* genauso praktisch wie alle, die »Ding« in der Hochsprache benutzen: *»Woisch net, wen e moin? Da Deng, jetzt wia hoißt er au' glei'? Ha der Deng halt, der hòt mir so a nuimodischs Deng dò a'dreha wella – aber i han mi uf des Deng net ei'glassa.«*

Zwar gibt es im Schwäbischen nicht *das Deng an sich,* außer wenn in Tübingen ein paar einheimische Studenten miteinander philosophieren, aber dafür hilft das Allzweckwort bei Bedarf dem Schwaben noch aus einer echten Verlegenheit – er kann ohne weiteres auch gewisse intime Teile des menschlichen Körpers schamhaft als *Deng* bezeichnen, und zwar in der männlichen wie der weiblichen Ausführung (was nicht heißen soll, daß es nicht im Schwäbischen, entgegen anderslautenden Gerüchten, auch noch einige andere und durchaus deutliche Ausdrücke dafür gäbe!). Und nahezu virtuos ist es, wie die schwäbische Mundart aus dem Wort *Deng* gleich noch ein paar neue Wörter ableitet. So kann man von einem Mann bewundernd sagen: *»Also der Deng, des isch velleicht ein Denger!«* Es kann aber ebenso gut auch abfällig gemeint sein, wie der entsprechende Ausdruck *a Denge* für ein weibliches Wesen auch. Ganz fein läßt sich unterscheiden, wenn man von einem Mädchen spricht. *Des isch a goldigs Deng* (das läßt sich eigentlich nur mit positiven Wertungen verbinden) oder *dui isch a nette Denge* (das kann in beide Richtungen gehen, also auch: *a resolute Denge, a gwalttätige Denge),* und schließlich steht auch noch die Verkleinerung *a Dengele* zur Verfügung, die, auf ein Baby bezogen, zum Ausdruck bringt, daß es ganz *herzig* ist, bei einem sechzehnjährigen Mädchen aber eher andeutet, daß es ein bißchen *leibarm*, ein *Schnaikle* oder *Häddele* ist.

Im Notfall hält das vielseitige Wort auch noch zur Bezeichnung von Tätigkeiten her: »*Was han-e jetzt au' noh wella? Ach jò, Deng han-e wella ...* «

Do machsch dir koi' Bild!

Mit diesem Ausruf bringt man im Schwäbischen zum Ausdruck, daß etwas die Vorstellungskraft übersteigt. Natürlich ist das eine Übertreibung, denn derjenige, der das eben festgestellt hat, bemüht sich im allgemeinen gleich anschließend, dem Zuhörer in allen Einzelheiten genau diese »unerreichbare« Vorstellung zu vermitteln. Etwa so: »*Heit morga ben-e en da Reaga nei'komma — machsch dir koi' Bild! Gschüttet hòt s wia mit Kübel, s Wasser isch mr zo de Hosa nausgloffa ond ausgseha hao-n-e wia grad aus em Bach zoga ...*" und so weiter. Mundart sprechen heißt bildhaft sprechen. Das wird heute in der alltäglichen Unterhaltung nicht mehr immer so deutlich, weil viele Mundartsprecher schon zu stark von hochsprachlichen Sprechgewohnheiten beeinflußt sind. Das Schwäbische hält aber immer noch einen großen Vorrat an Bildern bereit, die dem Sprechen Anschaulichkeit und Farbe geben können. Viele davon fallen dem Schwaben selbst gar nicht auf, weil sie ihm selbstverständlich sind. Er geht zum Beispiel nicht ins Bett, sondern *ens Neschd.* Wer

das jetzt aber mit psychologischem Scharfsinn unter dem Aspekt von Wärme und Geborgenheit deuten wollte, müßte vorher zur Kenntnis nehmen, daß *neschda* oder *romneschda* bedeutet, daß man sich unruhig im Bett herumwälzt und das Bettzeug zerwühlt. Wenn man von einem Dorf sagt, es sei *a Neschd,* dann hat dies auch eine etwas abfällige Bedeutung. Die Redensarten steigern die bildhaften Ausdrücke durch Übertreibung, so, wenn von einem Langschläfer gesagt wird: *»Dear leit ens Neschd bis d Katz kräht!«* Aber von den Redensarten soll später noch die Rede sein.

Sagt man zu jemand im Gespräch: *»I glaub', dir droomt's!«* (dir träumt es), dann meldet man damit stärkste Zweifel an der Glaubwürdigkeit des Gesagten an. Für einen verschlafenen Menschen gibt es nicht nur die Bezeichnung *Schlòfhaub* (Schlafmütze), sondern man kann ihn auch einfach als *Schlòòfer* bezeichnen. Das Gegenteil ist *a aufgweckts Bürschle.*

Sehr häufig enthalten die bildhaften Ausdrücke eine Übertreibung, die ihren eigentlichen Reiz ausmacht. So, wenn ein Kleinbauer als *Krätte'mischder* bezeichnet wird, weil er angeblich seinen Mist in einem Korb aus dem Stall tragen kann, oder wenn ein ganz Genauer und Geiziger *Kümmichspalter* genannt wird, weil man ihm gleichsam unterstellt, er würde am liebsten auch noch die kleinen Kümmelkörner halbieren. Wenn etwas nicht vorangehen will oder jemand weitschweifig redet, spricht man von einer *Ga'sdreckzieherei* (die vermutlich so wenig fruchtet wie das Düngen mit Gänsemist); wenn irgendwo ein Gedränge entsteht, fragt mancher: *»Was isch dò wieder für a Kuahflieget(se)?«* , womit – etwas abfällig – ein sensationelles Geschehen gemeint ist.

Von besonderem Einfallsreichtum erweist sich das Schwäbische bei der Bezeichnung menschlicher Unzulänglichkeiten. Da wird eine große Nase *Kompf* genannt wie das Gefäß für den Wetzstein; wenn sie außerdem gerötet ist, spricht man von *Breschdleng* (große Gartenerdbeere); große, abstehende Ohren werden als *Bahwärtersdäfele* bezeichnet (der Vergleichspunkt ist heute

Hommeleskopf

allenfalls noch als »Kelle« der Verkehrspolizei bekannt). Aber was ist, wenn einer einen *Hommeleskopf* oder genauer einen *Kopf wia an Hommel* hat? Wer dabei an eine Hummel denkt, liegt weit daneben. Gemeint ist hier der *Hommeler, Haga/Häge, Farra, Heime, Heigel,* mit anderen Worten: der Zuchtstier, und damit ist auch klar, was mit *Hommeleskopf* gemeint ist – im wörtlichen wie im übertragenen Sinn »ein Dickkopf«.

In vielen Fällen geht der Reiz solcher Bilder und Vergleiche allmählich verloren, weil der Bezugspunkt nicht mehr bekannt ist. Eine *Bohne'stang* kann man sich gerade noch vorstellen, auch wenn man selbst keinen Garten besitzt, und der übertreibende Vergleich *»Dui isch so dirr, daß se sich henter era Bohne'-stang omziage' ka'«* wird noch lange nachvollziehbar bleiben. Aber schon ein *Kerle wia a Telegrafastang* wird es im Zeitalter der Verkabelung immer schwerer haben, ganz zu schweigen von einer Wendung wie *an Ma' wia an Wiesboom,* da man den *Wiesboom* (die längs über den vollen Heuwagen zum Zusammenhalten der Ladung gespannte Stange) heute nicht mehr kennt. So ist auch die ursprüngliche Bildhaftigkeit vieler Schimpfwörter längst verdunkelt. Das *Riaschdr* – eine Bezeichnung für eine grantige, unangenehme Frau – war usprünglich der Flicken auf einem Schuh. Eine *Räätsch* heute »das nicht zu stoppende, laute Mundwerk«, das man einer nachsagt – war ein Holzgerät, mit dem man im Weinberg einen knarrenden Lärm erzeugte, um die Vögel zu vertreiben. In der katholischen Kirche wurde es früher in der Karwoche als Zeichen der Trauer statt Altarglocken verwendet. Die *Raffel*

Oi' Räätsch wia di ander!

(Hechel) lebt wie ihre hochsprachliche Entsprechung nur noch als Bezeichnung für ein böses Mundwerk fort.

Mit dem allmählichen Verblassen von bildhaften Ausdrücken teilt das Schwäbische eine Entwicklung, die genauso in der Hochsprache und in allen anderen Sprachen zu beobachten ist. Wenn man es positiv sehen will: Die Sprachen bewahren uns in solchen Wörtern und Wendungen Spuren einer Zeit, zu der wir sonst nur noch über Museen und Geschichtsbücher Zugang haben.

In vielen Fällen können wir uns aber noch unmittelbar an den verblüffenden Vergleichen und den unglaublichen Übertreibungen erfreuen, an denen das Schwäbische so reich ist. *Dees isch mr grad wia's Erbsa beiga / wia's Schneedörra!* kann einer sagen, wenn er zum Ausdruck bringen will, daß er eine sinnlose und unergiebige Arbeit tun muß. Er findet diese Arbeit *o'nötig wia an Kropf.* Ihm wäre eine Arbeit lieber, *die lauft wia g'schmiert* und ein Produkt, das *weggòht wia d warme Wecka,* sich also umgehend verkaufen läßt. Das erreicht man aber nicht dadurch, daß man bloß *romfuhrwerket,* sozusagen »in hektischer Betriebsamkeit« – denn solange man mit dem Fuhrwerk, also Zugtieren und Wagen beschäftigt ist, transportiert man ja noch nichts. In kaum mehr zu überbietender Übertreibung wird eine solche Geschäftigkeit aufs Korn genommen in der Redensart: *»Dear duat wia dr Fuu(r)z en dr Latern!«* Eher freundlich meint es dagegen der Vergleich: *»Der isch wia a Bachstelzafidla – emmer en Bewegong!«* Wer die Bachstelzen mit ihrem ständig wippenden Schwanz kennt, ist damit »im Bild«.

Als unangenehm wird es empfunden, wenn jemand *rei'druckt wia d Kälte* und dann *na'hockt wia an Presser* – der Presser trieb Steuerrückstände ein und blieb möglichst so lange sitzen, bis er hatte, was er wollte. Unangenehm ist es auch, wenn man selbst irgendwo *sitzt wia b'stellt ond net abgholt* oder wenn man sich gar *d Fiaß en Bauch stòht* beim Warten. Aber damit durch die Auswahl der Beispiele hier nicht das Bild des mißmutigen Schwaben entsteht, sei auch eine Wendung angeführt, die Ausdruck überschäumender Lebensfreude ist: *»Heit fraet me sogar dr Dreck uf dr Stròòß!«*

Besonders reizvoll sind die bildhaften Ausdrücke da, wo sie in unbefangen-naivem Zugriff oder in übermütiger Spiellaune neue Seiten an einer vertrauten Sache hervorkehren.

Mueder, muesch mr, schla' me s Blechle,
Türleshosa macha lao,
daß-e au' so Türleshosa
wia dr Herr Profiser hao!

So bringt in dem Volkslied *»Auf em Wasa' graset d Hasa«* ein Junge seinen Wunsch nach einer Herrenhose zum Ausdruck. *Türleshos* ist außerdem eine treffende Bezeichnung für die Lederhose der Jungen, die scherzhaft auch als *Furzkästle* und *kurzer Wix,* landläufig aber als *Sepplhos* bekannt ist.

Wie unterschiedlich die affektive Einstellung zur Sache zum Ausdruck gebracht wird und wie einmal das Aussehen, das andere Mal die Wirkung Anlaß für die Benennung gegeben hat, läßt sich besonders schön an den Bezeichnungen für die allseits beliebten »Schupfnudeln« ablesen: *Bauchstöbber, Bruckhölzer* (die wohl auch etwas anders geformt sind), *Buabaspitzla* (hier können nur die Schwaben nachvollziehen, inwiefern dieser Ausdruck auch auf das Aussehen zielt), *Gä'swärgl* (womit nur äußerliche Ähnlichkeit mit Gänsedreck gemeint sein kann), auch einfach *Wärgele',* außerdem noch

Für »Schupfnudel« gibt es viele bildhafte Ausdrücke

Sperrknecht und *Wambabäbber,* wobei man wissen muß, daß *Wambes* ein »dicker Bauch« ist.

Noch länger wird die Aufzählung bei den Ausdrücken, die der Schwabe für den Kopf gefunden hat, (für den er übrigens allenfalls in bitterer Ironie einmal *Haupt* sagt!): *Äpfel, Birn, Riab* (Rübe), *Riabahafa, Deetz* (angeblich von französisch »tête«), *Grend* (Grind), *Meckl, Megges, Merschl, Melle, Riebele, Hirn* – und weitere fast nach Belieben. Bei dieser Aufzählung kann man sich des Eindrucks kaum erwehren, daß die Schwaben offenbar den Kopf nicht sehr hoch schätzen. So lautet die Redensart, die dem hochsprachlichen »den Kopf hoch tragen« entspricht: *da Kraga stella* oder *da Kraga en d Höh strecka.* Soll man vielleicht doch jenen Witz ernst nehmen, in dem ein Maurer von einer herabfallenden Dachplatte am Kopf getroffen wird und im Niedersinken seufzt: *»S isch bloß guat, daß-es koin' edla Toil troffa hòt!«?*

Mit dem isch guat g'schirra

Das Schwäbische war, wie andere Mundarten auch, in erster Linie eine Bauernsprache. Das heißt nicht nur, daß bis heute auf dem Land mehr und urwüchsiger Mundart gesprochen wird als in der Stadt, sondern auch, daß die bäuerliche Fachsprache ein selbstverständlicher und wesentlicher Bestandteil des Schwäbischen war. Der Strukturwandel in der Landwirtschaft nach dem Zweiten Weltkrieg hat dazu geführt, daß mit den traditionellen Arbeitsvorgängen und Geräten auch die alten Wörter außer Gebrauch kamen. Die neuen Maschinen und Arbeitsabläufe ließen zwar auch neue Wörter und Wendungen entstehen. Aber da der Anteil der in der Landwirtschaft Tätigen an der Gesamtbevölkerung drastisch zurückgegangen ist und weiter zurückgeht, sind diese neuen Wörter nicht mehr in dem Maße Allgemeingut geworden, wie das beim traditionellen bäuerlichen Fachwortschatz der Fall war. Wenn wir auf diesen im folgenden einen Blick werfen, dann blicken wir in eine vergangene Welt. Sie hat aber in vielen Wörtern und Wendungen noch Spuren hinterlassen, die auch im heutigen Schwäbisch noch lebendig sind. Wenn man von jemand sagt: *»Dear gòht en älle Gschirr«,* dann heißt das, man kann ihn zu allem gebrauchen oder »er treibt vieles nebeneinander«. Denn *Gschirr* war das Riemen-, Zaum- und Sattelzeug für die Zug- und Reittiere. Selbstverständlich nach Kuh- und Roßgeschirr unterschieden. Das *A'schirra* oder *A'spanna* war eine nicht immer ganz einfache Arbeit, vor allem bei störrischen oder ungeduldigen Tieren, so daß es gut war, wenn man zügig Hand in Hand arbeiten konnte mit einem, mit dem *guat gschirra* war – heute bedeutet diese Wendung in einem allgemeineren Sinn, daß man gut mit jemand aus- und zurechtkommt. Auch *a'schirra* und *ausschirra* wird in einer verallgemeinerten Bedeutung noch verwendet: *»Wenn-e vom Gschäft hoimkomm, gschirr-e me zerscht amol aus«,* das heißt, man legt die Arbeits- oder Stadt-

Em Gschirr

kleidung ab. *»Room au' dei' Gschirr aus em Weag!«* kann die Frau zu ihrem Mann so gut sagen wie er zu ihr, denn im Schwäbischen ist damit nicht nur das *Eßgeschirr,* sondern auch Gerät aller Art gemeint. Sogar in einem anzüglichen Sinn läßt sich die angeführte Äußerung verstehen, wenn die Kleidung durch Unachtsamkeit mehr sehen läßt, als schicklich ist.

Zum bäuerlichen *Gschirr* gehörte zum Beispiel ein ganzes Sortiment von Hacken, allen voran der zweizinkige *Karst,* dann die *Reithau/Reuthau,* eine schmale Hacke, der *Bickel* (Spitzhacke) und eine breite *Hau* für die *Angerscha* (Rüben), Zuckerrüben und *Säubohna.* Dann gab es noch den drei- oder vierzinkigen *Mischdhòka/Kraiel/Greibl* und für die Gartenarbeit das *Häule.* So *hackt* der schwäbische Bauer mit der *Hau* (genau gesagt, war das immer vorwiegend Frauenarbeit); in manchen Gegenden, vor allem im Süden, *fälgt* er statt dessen mit der *Falg/Falget.*

Seit der Einführung des Hackfrüchteanbaus – der *Hackwar* – mit Beginn des 19. Jahrhunderts gehörte die Arbeit mit der Hacke im Frühjahr und Frühsommer wie im Herbst zu den aufwendigen und zeitraubenden bäuerlichen Tätigkeiten, vor allem bei den vielen Kleinbauern, die keinen *Zug,* kein Gespann hatten und nicht pflügen konnten, ebenso bei den Weinbauern im steilen Gelände. Die Mühsal fand ihren Ausdruck in dem Sprichwort: *»Hacka gibt broite Händ ond schmale Backa!«*

Wilhelm König hat die Erinnerung an die Bauersleute, die mit geschulterter Hacke durchs Dorf *ufs Feld* gegangen sind, zu einem Gedicht werden lassen, das die klanglichen Möglichkeiten seiner Ermstäler Mundart sprachspielerisch auskostet:

a mo	Ein Mann
haeta morga schao	Heute morgen schon
hao	habe
e däa mo	ich diesen Mann
midra hao	mit einer Hacke
do	da
nauflao	hochge-
fa säa ond	hen sehen und
wiidr raa no	wieder herunter. Da
hao	habe
e beimr denggd	ich bei mir gedacht:
wa duat ao	Was tut auch
däar mo	dieser Mann
haeta morga schao	heute morgen schon
do	da
hoob	oben
midra hao?	mit einer Hacke?
ha	Nun –
wiidr raagao	wieder heruntergehen
midr hao	mit der Hacke
ond dees gschäft	und die Arbeit
do	da
hoob	oben
fir haet	für heute
mool lao.	einmal lassen.

Die geschulterte Hacke war sichtbares Zeichen dafür, daß man nicht etwa müßig ging, was in einem schwäbischen Dorf *am helle' Dag* einen sehr schlechten Eindruck gemacht hätte. So kam es, daß alte Bäuerinnen, die sich zu den neu eingerichteten Altennachmittagen oder »Seniorentreffen« *am Werdig* (werktags) in das Gemeindehaus wagten, anfänglich noch die Hacke mitbrachten, die sie dann im *Hausgang* abstellten.

Neben Hacken und Gabeln waren es vor allem die Wagen, die nach außen bäuerliches Gerät repräsentierten. Was nur eine Achse hatte, war ein *Karra,* ob mit einer oder zwei Deichselstangen oder als *Handkarra/Stoßkarra* zum

Schieben. Die Bauern, die nur ein Zugtier oder gar keines hatten, wurden deshalb abfällig *Karrabaura* genannt – eine Bezeichnung, die dann merkwürdigerweise später auf die Müllmänner überging, vermutlich, weil die Straßenkehrer früher auch einen Handkarren hatten. Für die kleinen Transporte nahm man den *Schaltkarra* – die wörtliche Entsprechung zu »Schubkarre«, da im Schwäbischen *schalta* unter anderem »schieben« heißt. Um den Mist vom Stall auf die *Mischde* zu befördern, benutzte man den *Mischdkarra*, da und dort auch *Mischdbäara* genannt. Im südöstlichen Gebiet kannte man auch den *Bäarakarra*, einen einrädrigen Schubkarren ohne Kasten, dessen Aussehen den Zusammenhang des mißverständlichen *Bäara* mit »Bahre« erkennen ließ, die dort *Bäar* hieß.

Von der ganzen Wagen-Herrlichkeit früherer Zeiten sieht man heute vielleicht noch da und dort einmal einen vergessenen Güllenwagen aus einem *Schopf* oder einer *Remis* lugen. Ansonsten hat der *Britschawaga* oder *Gommiwaga* (wegen der Bereifung so genannt) als Allzweckwagen die alte Vielfalt abgelöst, und auch der Beruf des *Wangers/Wagners* ist so gut wie ausgestorben. Wichtigster Wagen war einst der *Loiter(e)waga* »Leiterwagen«, der für Heu, Öhmd und Getreide verwendet wurde, von den Kleinbauern, die keinen

d Hao
stao
lao

Loiterawaga

Trucha-/Kasta-/Britter-/Kanzwaga mit Güllafaß

Loiterwägale

weiteren Wagen hatten, aber auch noch für andere Zwecke umgebaut werden konnte, zum Beispiel *abgschlaga,* das heißt ohne Leitern, oder *ei'gmacht* mit hohen Brettern für Klee, mit niederen Brettern (und einem anderen Bodenbrett) für Mist oder Sand, Steine und dergleichen. Der Bauer, der es sich leisten konnte, hatte für solche Zwecke einen *Truche-/Kasta-/Britter-/Kanzwaga* und einen eigenen Mistwagen dazu.

Für den »Handbetrieb« gab es dann noch das *Loiterwägele,* mit dem man die großen Milchkannen zur Sammelstelle brachte und in der Stadt das Gepäck der Besucher vom Bahnhof abgeholte. Das größere *Bengelwägele,* für das man in beladenem Zustand schon zwei Leute zum Ziehen brauchte, benutzte man zum Transport von Obstkisten, Säcken und von *Bengel,* den dicken Ästen, die man aus dem Wald holte, wenn man einen *Reisschlag* hatte.

Au' wenn's a Gschmäckle hot

Gelegentlich – namentlich im Frühling – wird man beim Autofahren geradezu mit der Nase daraufgestoßen, daß man die heimische Landwirtschaft stärker zur Kenntis nehmen sollte.

Überall em Flecke' duftet's,
wia wenn ebber Gülle' leer,

schrieb Sebastian Blau seinerzeit in seinem Gedicht *»Dr Meezluft«.* Heute ist selbst dieser durchdringende Geruch *nemme dees,* da sich die Zusammensetzung der Jauche durch andere Fütterung und Aufbereitung verändert hat.

Ein anschauliches Bild von diesen Veränderungen gibt der folgende Auszug aus einem Leserbrief, der am 11. Mai 1986 in »Sonntag aktuell« zu finden war:

»... So lang mirs denka kha ond enn älle alte Büach'r übr dr Obschtbau han i no nia nex von Schtraiobschtwiesa ghairt odr gleasa. So enn dagglhaftigga Nama. Bei os hots emmr blos Bohmwiesa ond Bohmschtückla gea. Wenn abr dia Gscheidla, mo dean Nama erfonda henn, dean aus deara Zeit herloita wöllat, mo osre Baura no Miescht ghett henn on dean enn d'Bohmwiesa naigführt, aglada ond vorschproitat henn, ond em Früahjohr, wenn dr Miescht ausgwäscha gwea isch, dös Strauh ond dös Laub zemagrechelt ond wieder em Stall als Schtrai gnomma henn, no senn se allerdengs zschpät dra. Weil osre Baura bis uff wenige Ausnahma älle Schwemmentmischtong henn ond dui Brüah, wenn se net wissa, mo naa drmit, übr d'Bohmwiesa naleerat ond ällas vorsäufat drmit. Wenn also a baar so Ällrweltsgscheidla obedengt moanat, se bräuchtat für osre Bohmwiesa en andra Nama, no au oan, so wias au wirklich isch. Wia wärs mit Küahscheißbrüahwiesa, dös tät doch besser bassa, als wie so enn dagglhaftigga Nama: »Schtraiobschtwiesa«. Ewald Beuttner, Ludwigsburg 1

Die vertrauten *Güllafässer* haben auf den meisten Bauernhöfen modernen Spezialfahrzeugen Platz gemacht, und mit den *Mistena* sind auch die *Güllagomper* vor den Bauernhäusern in den Dörfern verschwunden, so daß sich eine Geschichte wie die folgende kaum mehr abspielen wird:

Eine schon ziemlich *aa'gschaffte* – das heißt, durch Arbeit gezeichnete – alte Bäuerin von der Alb lag in Reutlingen im Krankenhaus, wo sie sich einer Star-Operation unterzogen hatte. Sie erzählte ihrer Bettnachbarin: *»S isch äwweil schlemmer wora. Wenn-e mit em Bulldogg* (dem Traktor) *ufs Feld gfahra be, hao-n-e miassa da Kurtle, mei' Enkele, mitnea, daß-r mr sait, wo-n-e vo dr Stròòß weg en da Weag nei'fahra muaß, ond wo aeser Acker a'fangt. Jetzt oi'mòl, beim Güllaführa, fahr-e grad zom Flecka naus, nò sieh-n-e vor em letschda Haus oin stao. I griaß nom, aber dear duat net drgleicha. Des hòt me schao g'ärgerat. Wo-n-e wieder zruckfahr, stòht der wieder dò. I hao ganz fraindlech nomgschria: »Wia, Helm, gucksch nòch-em Wedder?« Aber dear duat grad, wia wenn-r nents ghaert hätt. Nò baen-e ganz wüeteg hoimgfahra. Ond wo-n-e nò mit dr näkschda Ladong zu deam sei'm Haus komm, nò hao-n-e de'kt, jetzet will-e doch gao amòl seha – ond hao nomgriaft: »Helm, haet kennsch me scheint's gar net?« Ond wia dear Kerle nooml koi' Maul ufbrengt, stell i mei'n Bulldogg na', steig a, lauf nom ond will en grad ens Gsiicht nei'fròòga, was er denn au' uf oi'mòl gega me häb – nò sieh-n-e, daß es no au' dr Güllagomper gwea isch, wo me de ganz Zeit fer Narra ghalta hòt. Nò hao-n-e gsaet: »Jetzt laß-e me doch operiera!« «*

Güllafaß mit Schapf ond Gelt

Gülla ist im übrigen nur eine der vielen, von Gegend zu Gegend verschiedenen, Bezeichnungen für die »Jauche«.

Man hört auch *Blotter, Brüah, Brüahlach, Bschidda, Dola, Mischdbrüah, Mischdlach, Soich, Kuahsoich, Soichlach,* und entsprechend heißt dann die Tätigkeit des Ausfahrens *blottera, brüahla, lachafahra, bschidda,* und auch die Geräte werden dann mit den passenden Zusammensetzungen benannt als *-loch* (Jauchegrube), *-gomper* (Pumpe), *-faß* und *-schapf* (das Schöpfgefäß mit Stiel, das früher auch in der Stadt unentbehrlich war zur Leerung der Gruben, als es noch keine *Schlauchartillerie* gab). Unter den Tübinger »Gògen-Witzen« finden sich bemerkenswert viele, die mit den Tätigkeiten des *Scheißbrüah*leerens und -führens zu tun haben. Heinz-Eugen Schramm führt das darauf zurück, daß sich in Tübingen die bäuerliche Einwohnerschaft mit betonter Grobheit gegen den Dünkel der Akademiker zu behaupten suchte, und daß gerade die von den Gògen besorgte unumgängliche »Entsorgung« der Fäkalien Anlaß gab, *die Studierte* darauf hinzuweisen, daß sie auch nur Menschen sind. Da hier nicht dem verbreiteten Vorurteil weiter Vorschub geleistet werden soll, die Derbheit der Gôgenwitze sei für das Schwäbische schlechthin typisch, wird darauf verzichtet, ein einschlägiges Beispiel anzuführen. Man muß aber darauf hinweisen, daß die bäuerliche Bevölkerung ein natürlicheres Verhältnis zu den elementaren Lebensvorgängen wie Verdauung und Fortpflanzung hatte und manches in unbefangener Direktheit sagte, was heute wie gewollte Derbheit wirkt. So war das Wort *scheißa* ein unanstößiger, alltäglicher Ausdruck, der allenfalls in der Kindersprache durch *bampa* ersetzt wurde. Noch heute kann man als Drohung hören: *»Ma'le, jetz hòsch ausgschissa!«* (Jetzt geht es dir an den Kragen – auch im übertragenen Sinn, zum Beispiel beim Mensch-ärgere-dich-nicht-Spielen). Der Zusammenhang von »leben« und »scheißen« in der naiven Wahrnehmung kommt sehr deutlich zum Ausdruck in einer Anekdote, die Sepp Zwerch aufgezeichnet hat: Als ihr Dienstmädchen, das vom Land kam, einmal der Familie beim Packen für eine Urlaubsreise half, wurde ihm plötzlich etwas bewußt, und es sagte: *»Meine Leit* (die Eltern) *sind nie aus m Dorf nauskomme, die hand ihr Läebe lang alled* (immer) *ins gleich Loch neigschisse.«*

Vielleicht ist so auch die Redensart *en oi' Loch nei'* zu erklären, die bedeutet, »hartnäckig in immer gleicher Weise mit etwas fortfahren«: *»Ma' ka' net en oi' Loch nei' vo' sotte Sache' schreiba!«*

A gmähts Wiesle

So fern uns die bäuerliche Welt von einst gerückt ist – in Wendungen und Redensarten des Schwäbischen begegnen wir ihr noch auf Schritt und Tritt. Nur verwenden wir diese oft unverstanden, weil wir nur noch ihren übertragenen Sinn kennen. Wir stehen davor *wia dr Ochs vor dr Abothek,* der wußte auch nichts damit anzufangen. Aber was nicht ist, kann noch werden. *Ma' spannt da Karra net vor da Gaul!* Das heißt, es hat alles seine Ordnung, es muß der Reihe nach gehen. Daß man *da Gaul net am Schwanz ufzaemt,* sondern mit dem *Kommet,* dem Halsgeschirr, anfangen muß, das weiß man auch in der Hochsprache.

Was man den Zugtieren früher zugemutet hat, ist noch aus den Redensarten abzulesen: *sich schenda* (schinden) *wia an Karragaul* oder *schnaufa wia an Karragaul.* Dabei galten die Bauernpferde als robust. Das übliche Kaltblut wurde zu den schwersten Arbeiten, etwa zum Holzrücken im Wald, herangezogen. Deshalb will es schon etwas heißen, wenn man sagt: *»Des hält jò koi' Gaul aus!«*

Vielseitige Übertragungs- und Anwendungsmöglichkeiten bietet auch heute noch die treffende Beobachtung: *Uf dean Gaul mo* (der) *ziagt, haut ma nei'.* Während des Sommers kam es kaum vor, daß die Pferde *dr Haber gstoche'* hat, das heißt, daß sie durch zu gutes Futter und zu wenig Arbeit übermütig

Uf dean Gaul mo ziagt, haut ma nei'!

wurden. *(I glaub, di sticht dr Haber* bedeutet heute »... dir geht's zu gut«, »du wirst übermütig«).

War man auf der Wiese oder dem Acker angekommen, mußten meistens die Kinder auf die Zugtiere aufpassen. Die wünschten sich natürlich heftig: *»Mach mr no da Gaul net scheu!«* (Womit man heute ausdrückt: »Erzähl mir keine so unglaublichen Dinge!«). Denn *wenn oi'm dr Gaul durchgòht,* dann läuft alles unkontrolliert ab. Da gibt es nichts mehr zu halten. (Heute bezieht man die Redensart auf einen ungezügelten Temperamentsausbruch.) Wenig Verständnis wird in der heutigen Zeit das überlieferte Sprichwort finden:

Weibersterba — koi' Verderba.
Gäulverrecka — deescht a Schrecka!

Es zeigt aber die außerordentliche wirtschaftliche Bedeutung, die das Pferd für den Bauern hatte. Nicht von ungefähr war zwischen *Roßbaura* und *Küahbaura* ein sehr spürbarer sozialer Unterschied, und in der scherzhaft-spöttischen Bezeichnung *Bah'wärtersküahle* für *Goiß* (Ziege) wird ein weiterer Rangunterschied greifbar.

Bah'wärtersküahle

Das Mähen war früher, wie das Hacken, eine schweißtreibende und kräftezehrende Arbeit. Deshalb konnte einem nichts gelegener kommen, als wenn ein großes Stück dieser Arbeit schon getan war. *Des isch mr a gmähts Wiesle* bedeutet deshalb heute soviel wie »Das kommt mir recht gelegen«. Das Gegenteil davon ist: *»Des isch mr wia Spitzgras«,* was man vor allem von unangenehmen Arbeiten und Aufträgen sagt. Diese Redewendung kommt wohl daher, daß Spitzgras schlecht zu mähen und schlechtes Futter ist. Im *Heuet* mußte man das frisch gemähte Gras auseinander streuen, nämlich *warba* oder *vrzettla,* damit es gut trocknen konnte. Zumindest für Schwaben kann die Wendung »sich nicht verzetteln« auf diese Tätigkeit bezogen werden. Über

Beim Schochamacha

Nacht wurde das Heu zu *Schocha* (Häufchen) zusammengetan. Dieses Wort ist heute noch geläufig in Wendungen wie *an Schoacha lacha* (herzhaft lachen), oder bei einem Korb mit Äpfeln oder Beeren *an Schocha macha,* das heißt, über die ebene Füllung hinaus in der Mitte anhäufen. Spöttisch wird es gesagt, wenn jemand bis zum Rand einschenkt: *»Setz no voll an Schocha druf!«*

Wenn das Heu glücklich auf dem *Haebarn/Haestock/Haeboa/Haespeicher* war, mußte es im Winter zur Fütterung portionsweise durch den *Schlauch,* das offene Geviert, auf *da Tenn* hinuntergeworfen werden. Wer unten stand, mußte beurteilen, wieviel man brauchte und dann hinaufrufen: *»Jetz isch fei' Hae gnuag honte!«* Jeder versteht heute diese Redensart als Warnung, daß jetzt das Maß gleich voll ist. Oft war es gar nicht einfach, das festgepreßte Heu herauszubekommen. Man benutzte dann einen *Haeliacher,* einen eisernen Haken. Diese Erfahrung schlug sich in dem Sprichwort nieder: *»Mit ema Soilstompa ka' ma' net Hae liacha!«* das soviel sagen soll, wie, daß man mit ungeeignetem Werkzeug nicht arbeiten kann.

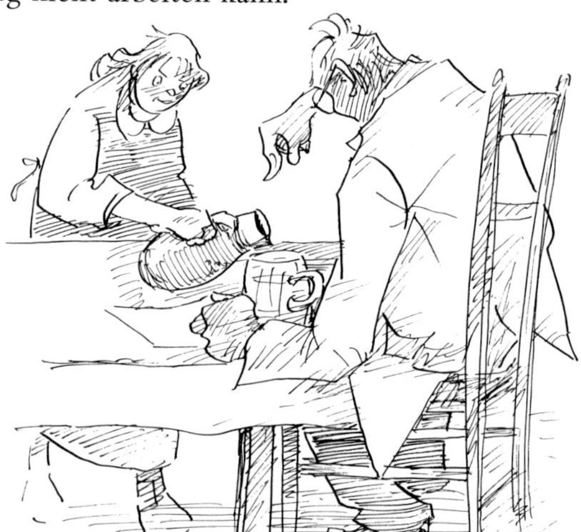

Mach noh an Schocha druf!

Am meisten Spuren haben die Erfahrungen mit Tieren im heutigen Sprachgebrauch hinterlassen. Unerschöpflich sind, wie in der Hochsprache, die Möglichkeiten, Tiernamen zum Schimpfen zu verwenden. Ein kleines Gedicht von Peter Strick soll als Beispiel genügen:

E' Vergeßliche

S Mädle schwanzt ond d Muater tuat wia bsesse
Ond verschläht se bis se halbe hei' ist.
Daß se au mol Kälble gsei' ist,
Hot die Kuah vergesse.

Mit *schwanza* ist hier »ausgehen«, »nicht rechtzeitig heimkommen« gemeint. In anderem Zusammenhang kann es die plötzlichen Schwanzbewegungen bezeichnen, mit denen die Kühe den Melkerinnen zu schaffen machten.

Den Gedanken von Peter Strick finden wir in abgewandelter Form auch in dem Sprichwort: *»Wenn a Kälble en d Fremde gòht, kommt a Kuah hoim«,* hinter dem wohl auch ein Stück Anpassungsdruck sichtbar wird. Man schickte zwar die Mädchen *ge Deana* (zum Dienst) in die Stadt, mochte es aber nicht, wenn sie bei ihrer Rückkehr städtische Sitten zur Schau tragen wollten. Die abschätzige Ablehnung des Fremden kommt auch in der Redensart zum Ausdruck: *»Jò, wo s dr Brauch isch, laet* (legt) *ma d Kuah ens Bett!«* und einen Neunmalklugen kritisiert man mit der übertreibenden Redensart: *»Des isch oiner, dear sieht dr Kuah am Euter a', was z Paris dr Butter koscht!«* Die allgemeine Erfahrung, daß die Leute im Alter kleiner werden, wurde in den verblüffend plausiblen Satz gefaßt: *»Ja wia, du wäkscht scheint's au' ondersche* (nach unten) *wia a Kuahschwanz!«* Und mancher Bauer mag heute von seiner ganzen Landwirtschaft denken: *»Was nützt mi die schönst Kuah, wenn se koi' Milch geit«* (gibt)?

Keiner Erklärung bedürfen wohl die gängigen Redensarten *d Sau rauslassa* und *davo'laufa wia d Sau vom Trog,* nämlich ohne sich um das zu kümmern, was man hinterläßt. Dagegen ist nicht gesichert, ob der als Ausdruck von Ärger und Frustration beliebte Ausruf: »*Dò kenntesch doch uf dr Sau naus!*« wirklich auf die zweifelhafte Eignung des Schweins als Reittier anspielt. Für diese Deutung spricht allerdings die oft zu hörende Steigerung *uf dr glatta Sau naus!*

Die Gänse kommen in den schwäbischen Sprichwörtern und Redensarten nicht gut weg. *»Dear guckt wia d Ga's wenn s daoret«* (donnert) sagt man, wenn jemand besonders verdutzt dreinschaut. *»Dear isch druf nei' wia d Ga's uf da Epfelbutza«* gilt als Charakterisierung eines besonders gierigen Verhaltens, und als Ausdruck abgrundtiefer Verachtung für eine Sache oder ein Vorhaben: *»Des isch mir so ao'weart* (unwert) *wia Ga'smischd!«* Dagegen bedeutet *Des isch mir grad wia Heardreck reade'* (Hühnerdreck sieben mit dem *Reider,* dem groben Sieb) »das ist mir zuwider, ungelegen« – ein sehr kräftiges und eindrückliches Bild!

Wenn jemand *romlauft wia a legige/ legete Henn,* dann zeigt er eine nervöse Unruhe wie ein Huhn vor dem Legen. Nicht mehr ohne weiteres verständlich, obwohl noch recht häufig gebraucht, ist die Wendung: *»I glaub, i muaß dir da Pfipfis nea(ma)«,* was bedeutet »deinen Hochmut, deinen Eigensinn brechen«. Wie es zu dieser Bedeutung kommen konnte, ist nicht ganz klar. Der *Pfipfis* (Pips) ist eine Hühnerkrankheit, bei der sich ein Häutchen an Zunge und Gaumen bildete und die Nase sich verstopfte. Das Häutchen mußte entfernt und durch die Nase eine Feder gezogen werden. Das bezeichnete man als *da Pfipfis nea(ma).*

Schließlich hat sich die spielerische Freude an der grotesken Übertreibung auch des Huhns angenommen. Ein überpenibler umständlicher Mensch wurde verspottet mit dem Satz: *»Dear bendet de Hear d Schwänz nuf, daß se besser lega kennet!«* Gut beobachtet ist: *»Ma ka' doch net bei Tag ens Haus nei' hocka wia d Henna«* – allerdings haben wir längst überall nachgewiesen, daß man das kann.

Auch von Ziege und Ziegenbock gibt es reichlich Redensarten. Sie sind aber nicht so geläufig geworden. Deshalb sollen hier nur zwei besonders anschauliche Beispiele stehen. Von einer Frau, der das Kleid oder der Mantel nicht paßt, kann man sagen: *»Dia hanget dò dren wia d Goiß em Melkkübel,«* und den Inhalt des Sprichworts »Ein Unglück kommt selten allein« gab man in bitterem Sarkasmus so wieder: *»Jetz isch grad reacht, daß d Goiß verreckt isch – s Heu isch rar heuer!«*

Auffällig ist, wie zahlreich – übrigens nicht nur im Schwäbischen – die Sprichwörter und Redensarten um die Katze sind. Sie steht dem Menschen nicht nur besonders nahe, sondern war auf dem Bauernhof im Unterschied zu allen anderen Tieren an den verschiedensten Orten zu sehen. Das spiegelt sich auch in den Redensarten. *»Du siehsch aus wia's Kätzle am Bauch«* (nämlich

weiß), sagt man zu jemand, der blaß aussieht. *»Dia duat em reacht s Mulle streichla«* heißt soviel wie »sich bei ihm einschmeicheln«. Beschwichtigend ist die Feststellung: *»Au' dr besta Katz gòht amol a Maus naus«* (entwischt einmal...) Das leuchtet unmittelbar ein. Schwieriger ist es mit der Wendung: *»So, jetzt isch dr Katz gstreut«*, die bedeutet, daß etwas erledigt, nichts mehr zu machen ist. Viel Lebenserfahrung von Generationen spricht aus dem Satz: *»Vor dr Haozich* (Hochzeit) *sait mr Mulle, nochher sait mr Katz«* – womit wieder einmal deutlich wird, daß die Schwaben zumindest früher romantische Anwandlungen allenfalls als Durchgangsstation ansahen. Und daß sie *Scheemeahlschwätzer* (Schönredner, Schmeichler) seien, hat ihnen ja sowieso niemand nachgesagt. – *»Sell wär jò noh scheener, wenn d Katz mit de Henna fliaga dät!«*

Zum Schluß soll noch ein kurzer Blick über den Bereich der Haustiere hinaus zeigen, daß auch die Natur, soweit sie bei der täglichen Arbeit in den Blick kam, aufmerksam studiert wurde. Das unvermeidliche Mißgeschick beim Mähen brachte eine Erfahrung mit sich, die sich in der Redensart niederschlug: *»Die hockt dò wia a vermähte Krott«* (Kröte), nämlich ganz elend und unglücklich, was sicher nicht gilt für eine, von der gesagt wird: *»Dia heiròtet uf da Boda wia d Lercha«*, womit gemeint ist, daß sie keine Aussteuer und keinen Hausrat hat – dann wird es wenigstens eine Liebesheirat gewesen sein, sollte man annehmen.

Baurebüable ond Schmalzkachla

Was da so einladend an ein kräftiges Essen nach dem Dreschen denken läßt, hat mit dem Bauernhaushalt nur im weiteren Sinn etwas zu tun. Die beiden Wörter in der Überschrift sind in ihrem übertragenen Sinn einfach schwäbische Bezeichnungen für Blumen: für die Traubenhyazinthe und den Hahnenfuß. Selten benützt das Schwäbische entlehnte Namen wie bei den *Zirenka* (Syringen) für den Flieder oder bei den vielbesungenen *Badenga, Badengeta, Bagenga, Magenga* (von lat. »betonica«) für Schlüsselblumen.

Sonst sind bildhafte Ausdrücke als Pflanzennamen im Schwäbischen eher die Regel als die Ausnahme, und da auf diesem Gebiet eine besondere Fülle an lokalen und regionalen Varianten zu verzeichnen ist, ergibt eine Zusammenstellung solcher Namen fast von selbst ein Stück mundartlicher Poesie.

Schon allein für die genannte Traubenhyazinthe finden wir neben *Baurabüabla* noch die Bezeichnungen *Pfaffaraisla* (Pfaffenröschen), *Kohlraisla, Kamee'feagerla, Herrgottsschlegela, Hemmelfahrtsbleamla, Kriagla, Mausöhrla* (zu dem *Mausaierle* die lautgerechte westschwäbische Aussprachevariante ist). Matthias Koch, der Mundartdichter aus Tieringen auf der Balinger Alb, hat seiner 1913 erschienenen Gedichtsammlung den Titel »Kohlraisle« gegeben und diesen zarten blauen Frühlingsblumen folgendes Gedicht gewidmet:

Kohlraisle

D Kohlraisle blühat wiedr,
S ganz Deuffatal ischt blob!
Ond Lüftle streichat drübr,
Dia send so lend on lob!

Heut send mr na spaziara,
No sait mei' kleine Lies:
»O Vatr, guck, da leit jo
Dr Hemml uf dr Wies!«

Während nicht bei allen diesen Bezeichnungen für die Traubenhyazinthe ohne weiteres nachvollziehbar ist, wie es zu dem Namen kam, lassen die Bezeichnungen für das »Stiefmütterchen« sofort erkennen, daß sie als anschauliche Vergleiche aus dem einfühlenden Betrachten entstanden sind. Neben der Verwendung des Oberbegriffs *Veigela,* der auch verballhornt als *Viegaila* vorkommt, und der vom französischen »pensée« hergeleiteten

Bezeichnung *Pa'seela* finden sich *Gsichtla, Glotzerla, Glesser, Sametschüahla, Sperräugla, Tag-ond-Nacht-Bleamla, Tag-ond-Nacht-Schättla* oder *-Veigela.* Man kann sich vorstellen, daß es bei dieser Vielfalt beim Einkaufen Schwierigkeiten geben könnte – wenn es nicht das meist praktikable Hilfsmittel des Zeigens gäbe.

Bei vielen schwäbischen Pflanzennamen wird die Verständigung allerdings zusätzlich dadurch erschwert, daß die Bezeichnungen durcheinandergehen. Während im einen Ort die *Kamee'fegerla* Traubenhyazinthen sind, ist anderswo die Bachnelkenwurz damit gemeint, und wo der eine den Ackersalat als *Sonnawirbel* bezeichnet, benützt ein anderer dieses Wort für den Löwenzahn. Ähnlichkeiten in der Anordnung der Blätter und die Verwendbarkeit beider Pflanzen für Salat sollten uns davor bewahren, Beliebigkeit bei der Benennung zu unterstellen.

Gerade die zahlreichen sonstigen Bezeichnungen für den Löwenzahn machen deutlich, daß es sehr unterschiedliche, aber durchaus einleuchtende Gründe für die jeweilige Benennung gibt. So findet man *Milbuscha, Milcherleng, Milcheta* mit Bezug auf den weißen Saft, und auch die Namen *Bettsoicher, Soichbloam, Weagsoicher* sind nicht abfällig gemeint, wie sie heute oft verstanden werden, wenn der Löwenzahn bestimmten Vorstellungen von Zierrasen in die Quere kommt – sie spielen vielmehr auf die harntreibende Wirkung des Löwenzahntees an, den man Bettnässern früh am Abend gab,

damit eine gründliche »Entwässerung« vor dem Zubettgehen für eine trokkene Nacht sorgte. Den Bettnässern wurde außerdem empfohlen, den Hl. Veit anzurufen mit dem Sprüchlein:

Heiliger St. Veit,
weck mi beizeit,
weck mi zor Stond,
wenn mir s Bronza kommt!

Der Hl. Vitus oder Veit war im übrigen durch ein Mißverständnis zum Schutzpatron der Bettnässer geworden. Als Märtyrer durch siedendes Wasser zu Tode gebracht, hatte man ihn im Mittelalter mit einem Sudkessel als Marterinstrument abgebildet. Auf manchen Abbildungen war dann der Kessel so klein geraten, daß er zum *Häfele,* zum »Nachttopf« umgedeutet werden konnte und der Heilige als *Veit em Häfele* sprichwörtlich wurde.

Zu guter Letzt finden wird für den Löwenzahn auch noch den Namen *Kettabloam,* der allen sofort einleuchten wird, die als Kinder noch Ketten aus Löwenzahnstengeln gemacht haben, ohne die Flecken auf Händen und Kleidern zu fürchten.

Es sind nicht von ungefähr die besonders auffallenden Blumen und die Heilkräuter, für die sich in der Mundart eine solche Vielzahl an Namen findet. Je vielfältiger die Verwendungsmöglichkeiten für eine bestimmte Pflanze waren, desto vielfältiger waren auch die Motive für die Namengebung. Manche Bezeichnungen geben uns so noch Einblick in frühere Gepflogenheiten. Wenn der Ackerschachtelhalm, auch »Zinnkraut« genannt, in der Mundart *Polierkraut* oder *Kannakraut* heißt, dann wird einem klar, was er mit »Zinn« zu tun hat: Der Schachtelhalm wurde wegen seines hohen Gehalts an Kieselsäure zum Scheuern von Kannen und Zinngeschirr verwendet. Die ebenfalls zu findenden Bezeichnungen *Katzaschwanz* und *Katzawedel* weisen dagegen wieder auf das Aussehen der Pflanze hin.

Die Bezeichnungen für den Beifuß: *Beasakraut, Jungfraukraut, Weiberkraut* zeigen uns, daß er für die Herstellung kleiner Besen ebenso geeignet war, wie er es noch als Heilkraut für stärkenden Tee bei allgemeiner Schwäche und nervöser Erschöpfung ist, was man früher offenbar als typische Krankheitsbilder von Frauen ansah. Für den Augentrost finden wir die sprechenden Namen *Herbstbleamle, Hirnkraut, Kopfwehkraut, Katzaäugle, Milchdieb,* für den Ehrenpreis die Bezeichnung *Katzaäugle, Kommwiederkraut, Fraualist, Männertreu* – die letzte offenbar als Anspielung darauf, daß die Blätter der Pflanze bei leichter Berührung abfallen! Sehr drastisch sind die Namen für den Giftlattich: *Magaputzer, Saulattich, Weiberzorn,* die keiner weiteren Erläuterung bedürfen. In den Bereich des Volksaberglaubens führen uns die Namen für den Baldrian: *Maowurzel/Moo'wurzel* (Mondwurzel), *Hexakraut* und

»Veit em Häfele« –
volkstümliche Darstellung des Martyriums des Hl. Vitus

Katzawuuz (Katzenwurzel). Selbstverständlich haben alle Nutz- und Zierpflanzen des Gartens ihren eigenen Namen: Die Gartenerdbeere als *Bräschdleng, Bodabeer* oder *Aiper,* die Himbeere als *Hingela, Hengela, Hindela, Hendela, Hei'dela, Hobeer* oder *Hohlbeer,* wobei gerade die letzte Bezeichnung wieder ein Beleg dafür ist, wieviel an genauer Beobachtung hinter der mundartlichen Namengebung oft steckt. Während man für die roten Johannisbeeren die anschaulichen Namen *Träubla* oder *Hannesträubla* geprägt hat (weil sie um den Johannistag – 24. Juni – reif werden), daneben auch die Bezeichnung

Zei(t)beer, werden die schwarzen Johannisbeeren ebenso bildhaft wie abschätzig als *Katzabeer, Katzadreckele, Wanzabeer* bezeichnet. Hier schlägt sich in der Benennung auch die (damalige) geringere wirtschaftliche Bedeutung nieder. In vergleichbarer Weise wird der angebaute Mohn als *Ölmaga* bezeichnet (wobei *mage* nichts anderes ist als die alte Form von »Mohn«, aus der unser heutiges Wort lautgerecht entstanden ist) – der Klatschmohn dagegen wird *Ackerschnalla* genannt; die blaue Kornblume heißt *Koarabeißer* (Kornbeißer). Die alte bäuerliche Zweiteilung des Pflanzenreichs in »Kraut« und »Unkraut« hinterließ, wie man sieht, in der mundartlichen Namengebung ihre Spuren.

Kleine Kräuterkur

Wenn dr Früahling konnt, muasch nutza,
noch wiad dir dia Kräuterkur
schao da Ranza wieder butza
und versäubra dur und dur.

Fangscht am beschta glei mit Knobla
und mit Brunnakresse a',
duescht drzua an Reetich hobla
und a Priesle Zucker dra.

Sauerampfla und Rapunzla
und vom Sonnawirbel s Kraut,
des vertreibt dr deine Runzla
und da Winterdreck vo'r Haut.

Katzadoopa, Hasanauhra,
Goißabärt und Hahnafüaß
neamet dei'm Gebreaschk dean saura
Gschmack und machets wieder süaß.

Hauswuuz und vom Storchaschnabel
sieba Spraitle Schnatterfix,
und an Senfbrei auf da Nabel
für dei Baurabluat, dei dicks.

Hopfablüata, Bäarlauchknödel,
Gurgelkraut für'n gäha Duuscht,
Hairlesbluescht und Katzawedel,
des vertreibt dein Widerbuuscht.

Halb a Hampfel Haselwuuzla
und weng Mauerpfeaffer drei,
daß da wieder besser buuzla
kascht und alafeezig sei.

Drauf a reacht a räse Ziebel,
und wenns gar it anderscht duat,
noh a Stotzbiar auf da Riebel,
noch wiad gwieß ällz wieder guat.

Bruno Gern

Katzadoopa	gemeiner Wundklee
Hasanauhra	Blätter vom gem. Bärenklau
Goißabärt	Bachholder
Gurgelkraut	Salbei
Hairlesbluescht	Feldmohnblüte
Katzawedel	Zinnkraut
Stotzbiar	mit den Fingerknöcheln der geballten Faust schmerzhaft über den Kopf fahren

A Bollahitz!

So sagt man im Schwäbischen, wenn man die Hitze eines Sommertags drastisch zum Ausdruck bringen will. Die Hochsprache kennt solche verstärkenden Zusammensetzungen zwar auch, aber während man sich im geschriebenen Ausdruck besser zurückhält, verlangt die gesprochene Sprache nach kräftigeren Tönen, und so haben sich im Schwäbischen vielfältige Möglichkeiten der Verstärkung herausgebildet.

Am Anfang stand wohl immer eine Zusammensetzung mit einem – meist anschaulichen – Bedeutungsbezug zwischen den beiden Bestandteilen *(Hondskomeede, Affatheater)*, aber bald konnte der erste Teil, reduziert auf eine bloße Verstärkerfunktion, auch mit sinnfremden Wörtern kombiniert und in manchen Fällen fast beliebig gegen andere ausgetauscht werden. So kann eine *Bollawuat* auch als *Bombawuat* oder *Granatawuat* bezeichnet werden und die erwähnte *Bollahitz* als *Affahitz* (während *Bruathitz* »eine Hitze wie beim Brüten« noch den anschaulichen Vergleich enthält). Vielfach ist auch die Verbindung mit Eigenschaftswörtern möglich. So kann man einen Sommertag *bollahoiß* finden, im Winter die Straße *affaglatt* und *saugfährlich.*

Besonders auffällig ist die Verwendung von Wörtern aus dem religiösen Bereich als Mittel zur Verstärkung des affektiven Ausdrucks. Zusammensetzungen mit *Gottes-, Herrgotts-, Jesus-, Allmachts-, Sakraments-, Kreuz-* wirkten ursprünglich wegen des damit verbundenen Verstoßes gegen ein Tabu besonders stark. Heute sind sie in immer neuen Kombinationen zu hören, wobei auch die Reihung mehrerer Ausdrücke beliebt ist und der sprachlichen Kreativität viel Spielraum läßt. So findet sich das *Allmachtsrendvieh* neben dem *Herrgottsbachel* als Bezeichnung für einen dummen Menschen, und es ist nicht ungewöhnlich, von einem *Jesesrausch* zu sprechen oder jemand als *Heilandsblitz* zu beschimpfen. Sehr im Schwange sind vollends die abgeleiteten Eigenschafts- und Umstandswörter wie *gottsallmächtig, jesesmäßig, kreuzmillionisch.* In vorwiegend katholischen Gegenden scheint man mit solchen Ausdrücken im übrigen merklich unbefangener umzugehen als dort, wo die Stundenleute, die Altpietisten, das Sagen hatten. Die Mahnung des Lutherischen Katechismus: »Du sollst den Namen deines Gottes nicht vergeblich führen« hat doch nachhaltig gewirkt, und so ist in Altwürttemberg ein *Heilandsakrament* immer noch ein anstößiger Ausdruck.

Auch das mit Haupt- und Eigenschaftswörtern vielfältig kombinierte *Hura-* ist vorwiegend in Oberschwaben und im Allgäu verbreitet *(»Jetzat hot dear Hurasiach des Huramesser all no it gschliffa!«).*

Die Zusammensetzung mit *Sau-, Hunds-, Scheiß-, Soich-, Donders-, Waehdags-* (Wehtags-) zur abwertenden Verstärkung sind dagegen im Schwäbischen allgemein gebräuchlich und in ihrer Verwendung allenfalls durch gewisse soziale Regeln der Wohlandständigkeit eingeschränkt. Wie sehr dabei die ursprüngliche Bedeutung der Wörter vergessen wird und allein die verstärkende Funktion eine Rolle spielt, zeigen folgende Beispiele: *scheißfreindlich, kreizbrav, kreizfidel* (sehr lustig), *saumäßig* gut; man kann sich *gottsmillionisch* oder *gottsallmächtig,* aber auch *dondermäßig* oder *donderschlächtig* freuen; aber wenn es einem *hondsmiserabel* ist, dann ist einem alles *scheißegal.*

Vielleicht haben alles in allem doch diejenigen nicht ganz unrecht, die den Schwaben einen Hang zum Groben, Derben nachsagen. Auf der anderen Seite wird man auch kaum leugnen können, daß eine vollmundige Ausdrucksweise (sofern die Situation sie erlaubt) der Affektabfuhr recht förderlich sein kann. Manchmal tut es halt richtig gut, etwas »auf guat Schwäbisch« zu sagen.

Jetzt pressiert's aber...

sagte jenes klingelputzende Büblein, nachdem ihm der ebenso gutmütige wie ahnungslose Pfarrer geholfen hatte, die unerreichbar hoch angebrachte Hausglocke zu betätigen.

Manche Fremdwörter gehen uns Schwaben so leicht über die sonst manchmal doch etwas schwerfällige Zunge, daß uns im Vergleich mit einem *»Der hot's aber schwer pressant heit«* die hochsprachliche Entsprechung »Der ist heute aber sehr in Eile« recht fremd und steif klingt. Auch ein Wort wie *scheniera* (lästig sein, stören) – z.B. *»I dua mei' Krawatt ra, dia scheniert me«* – und sich *scheniera* (sich zieren, sich schämen, etwas zu tun) samt der zugehörigen Wendung *»Dua doch net so schenant!«* (Zier dich nicht so!) ist im Schwäbischen ganz alltäglich, wie die folgende kleine Geschichte von der Alb zeigt:

»Mariele«, sait dr Karle, »jetzt ganget mir doch scho so lang mitnander. Jetzt kenntet mir doch au amol a bissale liab sei.«
»Noinoile«, sait 's Mariele. »D' Muetr hot gsait, i soll me zerscht scheniera.«
Noch ema Weile: »Mariele, i moi jetzt hättescht de lang gnueg scheniert.«

Auch Ausdrücke wie *flattiera* (schmeicheln, schöntun) oder *schwitisiera* (sich herumtreiben) zeigen, wie unbefangen und leicht wir mit französischem Wortgut umgehen.

Dafür sind allerdings weniger die Nachbarschaft zu Frankreich oder die kriegsbedingten Bevölkerungskontakte durch die Jahrhunderte verantwortlich. Vielmehr handelt es sich in den meisten Fällen, wie man das heute mit einer handlichen Formel ausdrückt, um »abgesunkenes Kulturgut«. Die Übernahme erfolgte nicht aus dem direkten Kontakt mit dem fremdsprachigen Ausland, sondern – vor allem vom 17. bis zum 19. Jahrhundert – aus dem Französischen, das bei uns die Hofgesellschaft und später, sie nachahmend, das gehobene Bürgertum im Alltag sprach. Dieser Sprachgebrauch

dürfte nicht immer ganz dem entsprochen haben, was die »Académie Française« als mustergültiges Französisch ansah, und wenn man bedenkt, daß in der Mundart vor allem das gebräuchlich wurde, was die Dienstboten bei ihren Herrschaften – sicher nicht ohne Mißverständnisse – aufgeschnappt und nachgeahmt haben, ist es nicht weiter verwunderlich, daß die vielen aus dem Französischen stammenden Wörter im Schwäbischen heute nicht ohne weiteres die Verständigung mit Franzosen erleichtern.

So ist ein *wifes Bürschle* (von frz. *vif* »lebendig, lebhaft«) ein »aufgeweckter, gewandter Junge«; *schalu* (von frz. *jaloux* »eifersüchtig«) ist man, wenn man »aufgeregt, durcheinander, zappelig« ist; wenn man *jemand* oder *mit jemand poussiert,* d. h. »anbändeln« möchte (was sich nicht nur im amourösen, sondern auch im geschäftlichen Sinn sagen läßt), ist die Bedeutung von frz. *pousser* »etwas heftig betreiben« noch erkennbar, und in Wörtern wie *schassa* »verscheuchen, verjagen; auch: entlassen« (von frz. *chasser), visitla* »(Kaffee)-besuch machen« (von frz. *visiter), en Raasch sei'* »wütend sein« (von frz. *la rage* »Wut«) oder *Kurasche* »Mut« (von frz. *courage)* bleibt das Schwäbische sogar noch eng bei der französischen Bedeutung.

Daß die Entlehnungen aus fremden Sprachen vorwiegend aus der Alltagssprache der »Herrschaften« und der »Gebildeten« ins Schwäbische kamen, läßt sich besonders gut an den Wörtern lateinischen Ursprungs ablesen.

Bei einem Wort wie *drib(e)liera* »quälen, bedrängen«; heute besonders: durch ständiges Fragen oder Bitten lästig fallen« (von lat. *tribulare)* kann man sich so richtig einen geplagten Lateinschüler vorstellen, der eher das *Vagiera* »umherschweifen« (von lat. *vagari)* im Sinn hat als die strenge Schulzucht. Für viele Generationen von Schülern war die *Vakanz* »Ferien« (von lat. *vacare* »frei sein, Muße haben«) das sehnsüchtig erwartete Ziel, und manche konnten es *schier nemme präschdiera* (fast nicht mehr aushalten) bis dahin (von lat. *prästare* »verrichten, leisten«). Andererseits wurden Lehrer und Unterricht durchaus auch *äschdimiert* »in Ehren gehalten, geachtet« (von lat. *aestimare,* frz. *estimer).*

Das Schwäbische hat die Fähigkeit zur Einbeziehung fremden Wortguts keineswegs verloren, auch wenn heute das Englische die Quelle ist. Wer hat schon sprachliche Bedenken, wenn er *grillt* oder *Toschd* ißt? Selbst die Volksetymologie, die früher aus einem *Gendarm* einen *Schandarm* (= Arm der Schande!) zurechtbog, ist noch am Werk, wenn z. B. ein Kinder-T-Shirt plötzlich als *Teeschürzle* im Gespräch auftaucht. So darf es einen auch nicht wundern, wenn da und dort zwei *Cleverle* sich fragen: *»So, gòòsch au' zom Computera?«*

Nicht in der Schule gelernt

Geringerer Aufwand, gleiche Leistung?
Ein Blick auf die schwäbische Grammatik.
Anders als der »Duden« will.
Von der Möglichkeitsform.
Vom »Tun« der Schwaben.

's goht au' oifacher

Auch heute gibt es noch Leute, die felsenfest die Meinung vertreten, Mundart sei »verderbte Hochsprache«. Dabei führt jede historische Betrachtung unweigerlich zu dem gegenteiligen Ergebnis: unsere heutige Hochsprache hat sich erst in einem langen und mühsamen Ausgleichsprozeß auf der Grundlage der deutschen Mundarten entwickelt. Deshalb kann man in den Mundarten oft auf älteres Sprachgut stoßen, das in der Hochsprache längst vergessen ist oder vielfache Wandlungen erfahren hat. Unvergeßlich bleibt mir, wie ich als junger Student in »Matthias Lexers Mittelhochdeutschem Taschenwörterbuch« eines Tages auf die schönen lautmalenden Wörter *suttern* (im Kochen überwallen) und *swateren* (rauschen, klappern) stieß. Meine Mutter hatte gelegentlich, wenn ein Topf überkochte und der Deckel klapperte, die Wörter *suddera* und *schwaddera* gebraucht, von denen die Familie immer angenommen hatte, sie seien eine Erfindung meiner Mutter. Mit einem Schlag wurde mir deutlich, welches ehrwürdige Alter unser so selbstverständlich gesprochenes Schwäbisch in vielen Zügen aufweist. Kenner und Liebhaber des Schwäbischen wie Josef Karlmann Brechenmacher und Karl Häfner haben immer wieder darauf hingewiesen, wie hilfreich die Kenntnis der Mundart für das Studium der Sprachgeschichte sein kann – und das sogar in zweifacher Hinsicht:

Die Mundart hat nicht nur viele Spuren älterer Sprachzustände bewahrt, sondern sie weist auf der anderen Seite auch viele Neuerungen auf, die sie im Vergleich mit der Hochsprache als »fortschrittlicher« erscheinen lassen. Während diese, am kurzen Gängelband der Sprachlehrer und Sprachpfleger geführt und von der wachsenden Last schriftsprachlicher Tradition beschwert, zunehmend konservativer wurde, konnte sich die Mundart unbeaufsichtigt fortwährend im Munde der Sprecher verändern. Sie wurde mund- und marktgerecht zurechtgebogen, abgeschliffen und vereinfacht, wie es die Bedürfnisse des alltäglichen Gebrauchs nahelegten. Fern dem Kunst- und Prunkwillen der Gelehrsamkeit und der Poesie blieb sie allein den Bedingungen des spontanen Sprechens unterworfen. Welche Auswirkungen das hatte, konnten wir schon im Kapitel II »Maulfaul und grob« studieren. Im folgenden soll davon die Rede sein, wie diese Auswirkungen im Bereich der Grammatik aussehen.

Die Entwicklung des Deutschen ist durch die Jahrhunderte unter anderem dadurch gekennzeichnet, daß die starke Betonung der Hauptsilbe zur Schwächung der Nebensilben und zum Verlust von Endsilben führte. Was vor tausend Jahren noch *apful, namo, willo, nagal, neman* hieß, lautet heute »Apfel«, »Name«, »Wille«, »Nagel«, »nehmen«. Das Schwäbische ging in diese Richtung konsequent weiter, wie man an *Monet* (Monat), *Meedech* (Montag), *Arbet*

(Arbeit) sehen kann. Das gilt ganz besonders für die Einsparung von Endsilben: *Dasch* (Tasche), *Sach* (Sache), *Kann* (Kanne), *Tass* (Tasse), *Stròòß* (Straße), *Heck* (Hecke). Was bei diesen Beispielen für weibliche Einzahlformen gilt, das ist ebenso bei männlichen Mehrzahlformen zu beobachten: *Weag ond Steag* (Weg und Steg) kann Einzahl wie Mehrzahl sein, ebenso *Disch* (Tisch/e), *Fisch* (Fisch/e); bei *Stüahl, Bänk, Schränk, Köpf* und *Füaß* zeigt immerhin der Umlaut noch an, wo es sich um die Mehrzahlform handelt.

Welche Verwirrung sich dadurch bei Nichtschwaben ergeben kann, wird deutlich, wenn man sich vor Augen führt, daß *Köche* keineswegs die Mehrzahl von *Koch* ist – diese heißt im Schwäbischen *Köch* –, sondern die ebenfalls vereinfachte Entsprechung zu »Köchin« .

Das wichtigste Ergebnis dieser Vereinfachungen besteht darin, daß man im Schwäbischen bei allen Hauptwörtern keine Fallbeugungen mehr erkennen kann. Unsere Mundart ist darin so »fortschrittlich« wie das Englische. Wie dieses hat es nur noch Reste des Genitivs bewahrt, von denen es aber einen sparsamen Gebrauch macht – der »schwäbische Genitiv« lautet, wie jeder weiß, *I be meim Vadder sei' Bua.* Die gebeugte Form des Genitivs kommt aber in bestimmten Wendungen noch vor: *s' Vadders Schuah, en 's Kneachts Kammer, 's Pfarrers Gaarta.* Daß es sich hier um einen formelhaften Sprachgebrauch handelt, zeigt die bekannte Volkslied-Zeile *»En Muetters Stüb(e)le«* – »Mutter« kann ja als weibliches Hauptwort an sich gar kein Genitiv-*s* haben. Bei einigen Wendungen ist die Formelhaftigkeit auch daran zu erkennen, daß

I be mei'm Vadder sei' Bua!

sie sich nicht durch die gängige Umschreibung ersetzen lassen: *'s Deifls Dank, mei's Wisse's* (meines Wissens), *meiner Leabdag* (solange ich lebe), *i gang mei's Weags.* Ansonsten ist die Umschreibung nicht nur möglich, sondern auch häufiger: *mei'm Vadder seine Schuah, em Kneacht sei' Kammer, em Pfarrer sei' Gaarta.* Aber auch damit sind die Möglichkeiten noch nicht erschöpft. *D Schuah vo mei'm Vadder, d Kammer vom Kneacht, dr Gaarta vom Pfarrer* kann man ebenfalls sagen. Je nach Bedarf kann man durch diese Varianten den Gegenstand oder den Besitzer betonen. Welche feinen Unterschiede der Verwendung und der Bedeutung zwischen *'s Nòchbers Katz, d Katz vom Nòchber* und *em Nòchber sei' Katz* festzustellen sind, möge der Leser selbst prüfen.

Daß die Umschreibung des Genitivs die gängige Form ist im Schwäbischen, wurde schon gesagt. Sie gilt grammatikalisch als »einfacher«. Das heißt aber nicht unbedingt, daß damit in jedem Fall auch die Verständigung einfacher ist. Ein prächtiges Gegenbeispiel zitierte einmal Karl Götz mit dem Satz *»Und noa hent die Fraua dene Männer ihre Hüt aufgsetzt.«* – Wer nicht dabei war, wird nie herausbekommen, was sich da wirklich abgespielt hat!

Wenn man vom Genitiv spricht, darf man auch der nützlichen Wörter »wessen« und »dessen« kurz gedenken – sie haben im Schwäbischen gar keine Chance. Es kann nur heißen: *»Wem sei' Katz isch des?«* Und der Satz: »Georg, dessen Vater heute zu Besuch kam...« kann auch in einer unbeholfenen Übersetzung ins Schwäbische allenfalls lauten: *»Dr Schorsch, dem wo sei' Vadder heit uf Bsuach komma isch...«* Beim lebendigen Erzählen in der Mundart wird es aber eher so klingen: *»Dr Schorsch – sei' Vadder isch nämlich heit uf Bsuach komma – ...«*

Bei dieser Abneigung des Schwäbischen gegen die Genitiv-Formen ist es dann auch nicht mehr verwunderlich, sondern nur konsequent, daß auch das Wort »deswegen« in unserer Mundart kein Heimatrecht hatte. An seiner Stelle verwendet man *weage deam, weaga sellam* oder *sellatweaga.* Allerdings schleicht sich inzwischen bei vielen Sprechern »deswegen« schon recht häufig unbemerkt ein.

Die Vereinfachung der grammatikalischen Formen, die hier am Hauptwort gezeigt wurde, ist im Schwäbischen auch bei anderen Wortarten festzustellen. Daß wir beim Zeitwort in der 1. Person das *e* der Endung einsparen und *i spar, i trag, i trenk* sagen, wird niemand mehr überraschen. Bei der Mehrzahl verzichten wir vollends darauf, die Personen zu unterscheiden. Da ja fast immer ausdrücklich gesagt wird, ob *mir* (wir), *ihr* oder *se* (sie) etwas tun, muß das eigentlich durch die Form des Zeitworts nicht noch einmal angezeigt werden. Im Schwäbischen gilt deshalb als einheitliche Form *machet* für alle drei Personen. Die Mundart erweist sich also auch in diesem Punkt gegenüber der Hochsprache als die ökonomischere und damit »fortschrittlichere« Sprachform.

A bißle eiga

Wenn man im Schwäbischen von jemand sagt: *»Er* (oder sie) *isch halt a bißle eiga«,* dann heißt das soviel wie: *»'s isch halt a Bsondere(r)!«* Der Schwabe schätzt es eben – vielleicht noch ein bißchen mehr als andere Leute –, wenn sich jeder an das hält, was als landesüblich angesehen wird. *»Laß deine Mödela«* heißt es deshalb im Familienkreis, wenn das Kind in seinem Verhalten nicht den Erwartungen entspricht; bei Jugendlichen oder Erwachsenen sagt man schon deutlicher und mit mißbilligendem Ton: *»Was send denn des wieder fer neue Modena?«* Aber man ist auch in der Lage, den Wohlverhaltensdruck zu relativieren, den man gerne ausüben möchte, wie die bekannte Redensart zeigt: *»Oh, wenn no älle so wäret wia i sei' sott!«* Und so vermittelt die Feststellung *»a bißle eige'«* genau genommen eine vielschichtige Botschaft, nämlich: Der Betreffende ist nicht ganz wie unsereins, aber wir sind so tolerant, ihm das nicht übelzunehmen.

Was seine Sprache angeht, hat der Schwabe nicht nur seine ausgewachsenen Eigenheiten, mit denen wir uns in diesem Buch ja vorwiegend befassen, sondern auch seine *»Mödela«,* nämlich Abweichungen vom hochsprachlichen Gebrauch, für die es keinen ersichtlichen Grund und keine festen Regeln gibt. Nehmen wir das schöne Sprichtwort: *»Wer aus Liabe heirigt, hòt guade Näächt, aber baese Dääg.«* Es zeigt nicht nur, daß man hierzulande die Realitäten nicht leicht aus dem Auge verliert. Es weist auch eines jener *»Mödela«* auf, die sich die Schwaben in ihrer Grammatik gestatten. Sie bilden nämlich bei einer ganzen Reihe von Hauptwörtern die Mehrzahlformen anders, als dies in der Hochsprache üblich ist. Bei *Näächt* und *Dääg* bleibt einfach das Endungs-*e* weg – das ließe sich noch mit der schon besprochenen Vorliebe für das Silbensparen erklären. So sagt man auch: *»Brenget noh a baar Tisch ond Ṣtüahl, s kommet noh meh Leut!«* Aber es gibt eben auch Fälle, in denen man im Schwäbischen zur Bezeichnung der Mehrzahl ganz im Gegenteil noch eine Silbe dazutut.

Früher – das heißt zu den Zeiten, als in den schwäbischen Dörfern überall noch die *Mischdena* vor den Häusern zu sehen waren – kamen die *Basena* (Basen, Kusinen oder allgemeiner weibliche Verwandte) zu Besuch, und manchmal war dann die gute Stube so voll, daß man wünschte, man hätte zwei oder drei *Stubena* und genügend *Tischdeckena.* Manchmal wurden bei solchen Gelegenheiten sicher auch *Lugena* (Lügen) aufgetischt (sofern man eine solche Vermutung bei der oft gepriesenen schwäbischen Ehrlichkeit überhaupt äußern darf).

Auch bei anderen Mehrzahlformen sind die Schwaben eigen. Man nehme zum Beispiel folgenden kleinen häuslichen Dialog: *»Wo hòsch denn meine Hefter scho wieder na'gräumt?«* – *»I han koine Hefter g'seha!«* Früher hätte es da

De oine hend halt d Mischde vor em Haus, de andre em Haus…

keinen Zweifel gegeben. *Hefter* hieß von alters her die Mehrzahl von *Heft.* Im Zeitalter der Ringbücher und Schnellhefter ist es ratsam, lieber noch einmal zurückzufragen, wenn man leidige Mißverständnisse vermeiden will. Bei anderen Wörtern gibt es wenigstens keine Verwechslungsmöglichkeiten. Wenn am ersten sonnigen Frühlingstag meine Mutter mich aufforderte, mit ihr zusammen die *Better* in den Garten zu tragen, gab es keinen Zweifel, was ich zu tun hatte, und wenn ich hinterher drei *Gsälzbröter* nacheinander aß, dann hatte ich diese Stärkung verdient, denn wenn man damals das Bettzeug sonnte, dann richtig, nämlich einschließlich Matratzen und Matratzenschoner.

Daß die Großbauern *Rösser* hatten und die Kinder auf steinigen Äckern *Stoiner* aufklauben mußten, gehört fast überall der Vergangenheit an, aber die Wörter werden noch in dieser Form verwendet. Schwierig ist es allerdings für Nichtschwaben mit der Mehrzahlform *Boiner,* die auf keinen Fall »Beine« meint, denn wenn der Mensch fest auf beiden Beinen stehen sollte, dann steht der Schwabe bekanntlich auf seine *zwoi Füaß,* die bei ihm bis zur Hüfte gehen. *Boiner* verlangt er dagegen in der Metzgerei, wenn er Knochen möchte für eine Fleischbrühe, und wenn er Rheuma hat, dann tun ihm auch *d Boiner weh vor lauter Reismateis,* und da kalter Wind das Seinige dazutut, spricht man bei einem besonders beißenden kalten Wind von einem *Boinerwe'd.*

Damit genug von dieser Mehrzahlform, auch wenn der eine oder andere eine möglichst vollständige Aufzählung wünschen würde – *»d Gschmäcker* *send verschieda«* ist schließlich eine verbreitete und sehr beherzigenswerte Auffassung.

Aber eine dritte Eigenheit soll wenigsten noch kurz erwähnt werden. Auch wenn sich die Schwaben in vielen Fällen die Mehrzahlendung sparen, so ist ihnen doch wichtig, daß man die Mehrzahl erkennt. Deshalb machen sie reichlich Gebrauch vom Umlaut. Da heißt es dann *Dääg* (Tage), *Ärm* (Arme), *Wägen* (Wagen), *Krägen* (Kragen), und das Korn steht schön *uf de Hälm.* Noch ungewohnter klingen für den Nichtschwaben *Bräàda* (Braten), *Saläàder* (Salate), *Bröter* (Brote – im Sinne von »Schnitten«) und *Bsiach* (Besuche).

In einem sehr wichtigen Einzelfall ist die Sache von alters her umgekehrt: Schwaben können nicht nur mehrere *Äpfel* essen, sondern auch einen *Äpfel!*

Zeitlos glücklich...

ist der Schwabe wohl nicht häufiger und auch nicht seltener als andere Leute. Aber er drückt sein Verhältnis zur Zeit anders aus, als es in der Hochsprache üblich ist. Häufig kann man heute schon hören: *I war z Stuagert* oder *I war em Wald.* Aber auch wenn sich die Vergangenheitsform *war* vollends durchsetzt, bleibt sie doch eindeutig die eine Ausnahme von der allgemeinen Regel: Das Schwäbische kennt keine einfache Vergangenheit. Deswegen kann es eben auch leicht einmal vorkommen, daß ein Schwabe in der Hochsprache zur falschen Form greift. Schon Schiller hatte da seine Mühe und dichtete zum Beispiel:

Der junge Graf voll Löwengrimm
Schwung seinen Heldenstab...

Wenn der Schwabe erzählt oder berichtet, dann hört sich das so an:
»I han en Stuahl gnomma ond be uf da Disch nufgstiega, nò han e dia henig Birn rausdreht ond de nei naidreht, ond nò ben e wieder vom Disch raghopset.«

Man mag das auf die Dauer umständlich finden. (Manche meinen, es liege an dieser Erzählweise, daß es in der ganzen schwäbischen Mundartliteratur nicht einmal eine Handvoll Romane gibt – aber dann müßte dieses Argument auch für die Schweiz gelten, und da gibt es genügend Romane in alemannischer Mundart, obwohl diese ebenfalls keine einfache Vergangenheit kennt.) Aber wenn man im Alltag einem Mundartsprecher zuhört, dann stellt man fest, daß diese Erzählweise gerade für das spontane Sprechen ganz praktisch ist. Man muß am Satzanfang nur die einfache Entscheidung zwischen *i han* und *i ben* treffen, kann sich dabei schon auf das konzentrieren, was einem wirklich mitteilenswert erscheint: *heit morga ufm Märkt da Hans* und muß dann zum guten Schluß noch ein passendes Zeitwort finden: *troffa, gseha,* damit der Zuhörer weiß, daß die Aussage damit abgeschlossen ist. Damit erhält auch der einzelne Handlungsschritt mehr Eigengewicht als in der hurtig zusammenfassenden Erzählweise der Hochsprache: »Ich nahm einen Stuhl, stieg auf den Tisch, schraubte die ausgebrannte Glühbirne heraus und die neue hinein und sprang wieder vom Tisch herab.«

Jetzt soll aber niemand kommen und behaupten, die umständliche Erzählweise bestätige eben wieder einmal, daß die Schwaben besonders gemütlich und behäbig seien (als ob es unter ihnen nicht von jeher auch bemerkenswert viele Hitzköpfe gegeben hätte) – und das dann noch damit beweisen wollen, daß die schwäbische Version des folgenden Satzes: »Der Dieb riß sich los, rannte davon, stolperte aber unversehens und stürzte« so laute: *»Ond nò hòt der Dieb sich losgrissa, isch davogrennt, isch aber nò gstolperat ond nò isch er na'gfloga.«*

So kann es natürlich heißen, wenn der Erzähler jedes Detail auskosten möchte. Aber wenn das Temperament mit ihm (oder ihr) durchgeht, dann erzählt man im Schwäbischen – wie auch in der Hochsprache – in der Gegenwart: *»Dò reißt der sich los, rennt davo', stolperat aber ond fliegt da langa Weag na'«*

Und es geht sogar noch dramatischer: *»Der sich losreißa, davorenna, stolpera ond na'fliega isch ois gwea.«*

Und wenn es ganz atemlos zugeht, dann läßt man am besten die Zeitwörter überhaupt weg, wo sich das machen läßt: *»I zom Haus naus, en Karra nei', ond uf ond davo', naus zom Flecka, da Wei'berg nuf ond oba nieber zom Sportplatz – ond koiner dò gwea von dene Kerle, koi gotziger!«*

Da ist es wirklich schon fast pedantisch, wenn man der Ordnung halber erwähnt, daß man im Schwäbischen auch auf weiter Zurückliegendes (die sogenannte Vorvergangenheit) natürlich ebenso Bezug nehmen kann wie in der Hochsprache, nur eben mit den eigenen Mitteln. Statt »Ich hatte ihn noch nicht gehört, da stand er schon vor mir« heißt es: *»I hao'-n-en no net gheert ghet, nò isch er schao vor mir gstanda.«*

Es bestätigt sich immer wieder ein Sachverhalt, den die Sprachwissenschaftler etwas »geschwollen« ausdrücken: Die Mundart ist »ein voll funktionsfähiges System« – auf schwäbisch gesagt: *»s isch älles dò, wa mr braucht!«* Und was man nicht unbedingt braucht, kann man vielleicht anderweitig verwenden – wie zum Beispiel die aus der Hochsprache vertraute Form der »werden«-Zukunft.

Man sagt ja den Schwaben nach, daß sie besonders um die Zukunft besorgt seien und das sprichwörtliche Häuslebauen, Sparen und Versichern schließlich einzig darauf abziele, diesbezüglich möglichst wenig im Ungewissen zu lassen. Vielleicht ist das ein Grund dafür, daß im Schwäbischen die Zukunft nicht umständlich umschrieben wird – man gibt den Zeitpunkt an und verwendet im übrigen die Gegenwartsform: *»I komm am Sonndig.« »Er macht's nò morga.« »En a baar Jòhr sieht ma weiter.«*

Dabei kennt das Schwäbische durchaus die zusammengesetzte Form mit »werden« – nur wird sie ganz anders verwendet. Zum Beispiel dann, wenn man sich nicht festlegen will: *»Was duat denn der Kerle schao wieder?«* – *»Was wurd er schao doa...«*

Keineswegs eine verbindliche Zusage, sondern schon eher eine bedenkliche Vertröstung ist es, wenn ein Schwabe sagt: *»I wur nò schao zahla...«* Da kann einen noch beinahe das berühmte *mòl seha* zuversichtlicher stimmen, mit dem Handwerker gern ihre Zusagen abmildern.

Vor allem Vermutungen drückt man durch die Umschreibung mit »werden« aus: *»Do brauchsch jetz net nomgao, dia wean no net dahoim sei!«* *»Der Emil word's doch net gwea sei'?«*

Ein besonders schönes Beispiel überliefert Karl Götz. Er erzählt in einem Buch von einer Berlinerin, die ihm – nach fünfzig Ehejahren mit einem Schwaben in Esslingen – zum Besten gab, welche Schwierigkeiten sie mit dem Schwäbischen gehabt hatte:

> »Da kam uns einmal ein Mann auf der Straße entgegen, der mir so bekannt vorkam. Ich sagte zu meinem Mann: ›Du, der Mann kommt mir so bekannt vor.‹ Was glauben Sie, was er darauf gesagt hat? *›'s wird net viel fehla, noa isch dr Herr Maier.‹ ›'s wird net viel fehla! So a Gschwätz!‹* «

Häufig ist »werden« auch Ausdruck einer Unschlüssigkeit, in der die beiden Aspekte des Vermutens und des Zukünftigen zusammentreffen: *»Jetz wur-e gao ebbes sa' miessa?«* meinte der Brautvater beim Hochzeitsessen, als seine Frau ans Glas geklopft hatte und alle ihn erwartungsvoll anschauten.

Jetz wur-e gao ebbes sa' miessa?

Dees hosch dir denkt!

sagt man zu jemandem, wenn man ihm deutlich machen will, daß er sich verkalkuliert hat. In etwa entspricht die Bedeutung jenem einst geflügelten Wort aus Bonn: »So nicht und jetzt nicht!« *Dees hòsch dir denkt!* müßte man aber auch sagen, wenn jemand nach der Lektüre des vorigen Kapitels der Meinung sein sollte, er wisse jetzt über alle Eigenheiten der schwäbischen Mundart Bescheid.

Da könnten wir gleich mit der Wortform *denkt* weitermachen. »Gedacht« müßte das in diesem Fall in der Hochsprache heißen. Das Schwäbische hat hier eine einfachere Form in Anlehnung an die Grundform *denka* gebildet. Das ist naheliegend, wie man daran sehen kann, daß kleine Kinder in einem bestimmten Alter auch nach diesem Muster verfahren und sagen»Ich bin gegeht«, »Ich hab getrinkt«. Allzu häufig sind solche Beispiele im Schwäbischen außerhalb der Kindersprache allerdings nicht: *I han amol oin kennt* (gekannt), *d Sonn hòt gscheint* (geschienen), *I han en ghebt* (»gehoben« = festgehalten!) – aber schon in diesem letzten Fall ist die Form *ghoba* ebenfalls gebräuchlich. *»Hòsch deine Händ scho gwäscht?«* kann man fragen – und auch da werden manche Leser feststellen, ihnen sei nur *gwäscha* geläufig. Ob da die *-t*-Form schon wieder von der Hochsprache her verdrängt wurde oder in einer bestimmten Gegend nie da war, läßt sich kaum mehr feststellen. Die bodenständige Form *I hao-n-em griaft* (gerufen) ist dagegen keine Vereinfachung des Schwäbischen, sondern eine schon im Mittelalter belegte Nebenform, die in der Mundart überlebt hat.

Im Ostschwäbischen finden wir die Besonderheit, daß die entsprechende Form bei den Hilfszeitwörtern ebenfalls mit *-t* gebildet wird: *des han i net gwellt* (gewollt), *kennt* (gekonnt), *gmiaßt* (gemußt), während das übrige Schwäbisch *wella, kenna, miassa* sagt. Dabei ergeben sich auch Besonderheiten der Wortstellung. Während es auf der Ostalb heißt: *»... weil i mei'm Vaater helfa gmiaßt han«,* sagt man anderswo: *»... han helfa miassa«.*

Wirklich »eigen« und für Nichtschwaben oft verwirrend ist das Schwäbische aber vor allem da, wo es die alten »starken« Zeitformen bewahrt hat. Das fängt schon damit an, daß man im gesamten Westen und Südwesten des Schwäbischen sagt: *»Mir send furt gsae«* (fort gewesen), während es im mittleren und nördlichen Teil *gwea* heißt und im Osten in einem schmalen Streifen sogar *gwest* gebräuchlich ist. Die jeweils geltende Form wird man sich in diesem Fall wegen ihrer Häufigkeit rasch einprägen können.

Aber wie kommt man damit zurecht, wenn jemand erzählt: *»Oh, dò hao-n-e net ditta ond net gwonka!«* Das soll heißen: »Ich habe mich in keiner Weise bemerkbar gemacht«, und die fremd wirkenden Wörter entsprechen den hochsprachlichen Formen »gedeutet« und »gewinkt«. Wenn man das weiß,

wird man den Mesner nicht mehr so sehr bedauern, der *am Samschdigòbed a halba Stond glitta hòt* – denn dieser hat natürlich seines Amtes gewaltet und »geläutet«. Sicher in dem Bewußtsein: *Der Gerechde muaß viel leida,* wie dem Mesner in einem beliebten Scherz doppelsinnig unterstellt wird.

Vielleicht hat der Mesner auch noch mit den Meßbuben *gschompfa* (geschimpft), was ihn dann hinterher wieder *gruia* oder *griia* (gereut) hat; einem späten Kirchenbesucher hat er vielleicht noch *zonda* (gezündet), d.h. Licht gemacht oder gar »heimgeleuchtet«! Schließlich ist er dann selbst heim*gloffa* (gelaufen) oder *ghonka* (gehinkt), dabei hat ihn fast eine Fledermaus *gstriffa* (gestreift). Wahrscheinlich hat er seiner Frau nichts *mitbronga* (mitgebracht), aber, wenn er sich unterwegs erkältet hat, ein paarmal *gnossa* (geniest), während er noch ein bißchen *gloosa* (gelesen) hat. Damit können wir den strapazierten Mesner zur Ruhe gehen lassen.

Eine besonders altertümliche Form benützt man im Schwäbischen, wenn man zu einem Kind in einschüchterndem Ton sagt: *»Bisch jetz ruhig!«* Meistens wird das heute als Frage verstanden und oft auch vom Tonfall her so gesprochen. Dahinter verbirgt sich aber die alte Befehlsform *bis* »sei«. Wenn jemand, wie das ja naheliegt, diese Wendung bisher mit der 2. Person »bist« gleichgesetzt hat, könnte man jetzt zu ihm sagen: *»Dò hòsch de halt discha«* (getäuscht)!

Möglich wär's scho!

Zu den Widersprüchen, die man dem schwäbischen Stammescharakter nachsagt, gehört, daß sich ein nüchterner Realitätssinn mit einem Hang zum Sinnieren und Spekulieren (in diesem Fall im philosophischen Sinn gemeint!) verbinde. Das mag unter anderem damit zu erklären sein, daß die Lebensbedingungen hier zumindest in früheren Jahrhunderten selten so waren, daß man sich mit dem zufriedenen Gebrauch des Gegebenen hätte begnügen können. Das verhinderten die materiellen Bedingungen ebenso wie die sozialen Zwänge, zum Beispiel das noch im letzten Jahrhundert verbreitete Heiratsverbot für Mittellose.

Deshalb war es naheliegend, daß die Wünsche um so ausgiebiger gepflegt wurden. Otto Keller hat dieser Gemütslage in einem Gedicht so treffend Ausdruck gegeben, daß es vor einigen Jahrzehnten eines der beliebtesten schwäbischen Volkslieder war:

O dees wär schee!

I, wenn e Geld gnuag hätt',
no wißt e, was e däht,
heissa juhee,
mir miaßt a Häusle her,
dees no mei oiga wär,
o, dees wär schee!

Droba-n-am Berg miaßt's sei,
mittla-n-em Sonnaschei,
mittla-n-em Klee, –
Bloama, so viel da witt,
uf jedem Fenschterbritt,
o, dees wär schee!

Do miaßt a Weible nei,
schwarzhoorig miaßt se sei,
mit weiße Zäh,
grad so, wia's Schulza Gret,
dui, wenn me nemma däht,
o, dees wär schee!

Brächt no d'r Schtorch om's Johr
en Bua mit Rollahoor,
schpäter no meh,
ond so derzwischa nei,
dirft's au a Maidle sei,
o, dees wär schee!

Aber, i han koi Geld,
's gibt uf d'r ganza Welt
ärmer's nex meh,
i glaub, i schtirb no dra,
's guckt me net oina a,
o, dees duaht weh!

Die vorletzte Zeile jeder Strophe wird beim Singen wiederholt, was die wehmütige Stimmung noch verstärkt. Das Gedicht ist ein schöner Beleg dafür, daß im Schwäbischen – bei allem sonstigen Hang zur Vereinfachung –

der Gebrauch der Möglichkeitsform keineswegs hinter der Hochsprache zurücksteht – im Gegenteil. Die Mundart hat nicht nur den Formenbestand bewahrt, sondern man macht auch einen regen und fein unterscheidenden Gebrauch davon. Welche Unterschiede tun sich zum Beispiel schon zwischen den folgenden beiden Sätzen auf:

»Zom Veschber ben-e nò wieder dò.«
»Zom Veschber wär-e nò wieder dò!«

Während die erste Aussage eine verläßliche Zusage ist, wird ein feinfühlender Mensch die zweite Version als eine indirekte Aufforderung verstehen, da sie den deutlichen Hinweis enthält, daß *Veschber* nicht nur als Zeitpunkt verstanden werden sollte. In ähnlicher Weise ist auch die Feststellung: *Mr könntet au' scho zom Middagessa komma* eine kaum mehr verhüllte Ermunterung, eine Einladung auszusprechen.

Sehr genau beachtet man im Schwäbischen die Regeln der indirekten Rede, die in vielfältiger Weise für feine Nuancen der Höflichkeit wie der

Appetit hätt-e scho, wenn me ebber fròga dät!

Distanzierung verwendet wird. So kann ein Kind an der Tür klingeln und sagen: *»An scheena Gruaß vo meiner Muetter, ond dò schick se Ehna an Kuacha vo dr Konfermazio!«*

Unterschiedliche Grade der Gewißheit lassen sich ausdrücken, wenn man von jemand ausrichtet: *Se kommat / Se diat komma / Se käm(d)et / Se dätet komma.* Während in diesem Fall alle vier Versionen eine Zusage ausdrücken, ist die Aussage bei den folgenden beiden Sätzen eindeutig unterschiedlich:

Se diat komma, aber se häbet koi Audo.
Se dätet komma, aber se hättet koi Audo.

Hier handelt es sich im ersten Fall um eine Zusage, im zweiten um eine Absage.

Das Schwäbische hat gegenüber der Hochsprache den Vorteil, daß es die Möglichkeitsform *i häb, mr häbe(t)* besitzt, die eindeutig erkennbar ist und deshalb feinere Unterscheidungen erlaubt. Daß in einigen Gebieten der mittleren Alb diese Form die Wirklichkeitsform *i han / mr hänt* verdrängt hat, die Aussage *mr häbe heit gmetzget* also die uneingeschränkte Feststellung einer Tatsache ist, muß schon deshalb erwähnt werden, weil dies das konsequente Ende einer Entwicklung ist, die auch in anderen Gegenden verfolgt werden kann. Was in der Hochsprache mit der heute wild wuchernden Floskel »ich würde sagen« angedeutet werden soll, nämlich daß man sich unverbindlich äußern und dem Gesprächspartner die Möglichkeit zu Einwänden geben möchte, das wird im Schwäbischen seit langem ausgiebig und gekonnt praktiziert. Da sagt die Marktfrau etwa: *»Dò hätt-i-ne au' noh an scheena Bloamakohl!«*, und ein Vertreter, Makler oder Anlageberater flüstert seinem Kunden zu: *»Sia, i wißt Ehna dò ebbas...«* Das heißt beileibe nicht, daß er es nicht sicher weiß. Er möchte mit der Möglichkeitsform nur ausdrücken, daß er sich erlaubt, in aller Bescheidenheit einen Vorschlag zu unterbreiten – vielleicht interessiert sich der Kunde ja gar nicht dafür. So läßt sich auch die Merkwürdigkeit erklären, daß jemand, der mit vorbestellter Ware an die Haustüre kommt, sagen kann: *»So, i hätt nò dia Oier!«*

Wie in der Hochsprache auch wird die Möglichkeitsform als Höflichkeitsform verwendet in Fällen wie: *»I hätt dò emol a Fròòg...«* oder *»Wia wär's? Brüüchdesch bloß ebbas saga...!«* Vielleicht schwingt aber doch bei solchen Sprechweisen auch ein Stück Unsicherheit, eine Spur Skepsis mit?

Nur mit Mühe lassen sich in der Hochsprache die besonderen Feinheiten im schwäbischen Umgang mit der Möglichkeitsform wiedergeben, die all jene Lügen strafen, die glauben, die Schwaben seien im Umgang miteinander grob und direkt. Da sagt zum Beispiel die schon resignierende Mutter zu ihrem bildungsunwilligen (oder allzu umtriebigen) Sprößling: *»Wettesch net a bißle lesa?«* (»Würdest du nicht ein wenig lesen wollen?«), und eine andere Mutter *stupft* ihren heiratsunwilligen Dreißigjährigen: *»Wettesch net amol d*

An scheena Bloamakohl hätt-e nò au' noh!

Marion zom Sommerfest ei'lada?« Genau genommen müßte man das, was in dieser Frage steckt, so übersetzen: »Ich wünschte, du hättest den Wunsch ...«. Aber was so als eine besonders einfühlsame Form des Wünschens für den anderen erscheint, kann in der Praxis natürlich einer nachdrücklichen Aufforderung oder gar einem Vorwurf recht nahe kommen. In diesem Fall kann man mit gleicher sprachlicher Münze zurückgeben: *»Was wett-e au' mit dera Marion a'fanga?«*

Einen gekonnten Umgang mit der Möglichkeitsform muß man jenem Mädchen bescheinigen, von dem der Humanist Heinrich Bebel in seinen lateinischen Schwänken (1509) erzählt:

> Eine Bauerntochter nicht ganz unbeschädigten Rufs führte ein Schwein, das ihr Vater auf dem Markt gekauft hatte, durch den Ehinger Wald nach Hause. Da holte sie ein junges Gräflein ein, das sie, vom Roß herab, fragte, ob sie nicht mit ihm abseits ins weiche Moos gehen wolle. Sie schlug es ihm ab, und sie gingen beide ihres Wegs, blieben aber nebeneinander. Als der Wald schon anfing licht zu werden, sagte sie: *»Wo wettemer au' dia Sau na'benda, wenn i mir's nomòl überlega dät?«*

Auch Schwaben können in der Regel nicht zwei Dinge auf einmal tun. Aber sie können zumindest zum Ausdruck bringen, daß es nötig wäre: *»I sott au' gschwend da Gaarta giaßa!« »I sott schao längst furt sei'!«*

Im Grund könnte man diese Ausdrucksweise die »Unmöglichkeitsform« nennen, weil sie ständig das Bedauern darüber kundtut, daß man – aus welchen Gründen auch immer – leider nicht das tut, was man »eigentlich« sollte: *»Sotte-mer net amòl da Herr Vikar ei'lade?«* kann es da heißen, oder, wie im folgenden Gedicht:

Verzärtelung

I sott
bei Gott
dia Krott
ällbot
a d Gosch
na'haua –
aber nò
hätt-e bloß s Gschroi!

Etwas spöttisch sagt deshalb eine Redensart: *»Dr »i sott« isch a baesr Dengr!«* Wer davon heimgesucht ist, der sollte (!) sich ein Beispiel an den Kindern nehmen, die wie eh und je in ihrem Spielen die Welt als Möglichkeit erkunden und sich dabei schon ab dem dritten Lebensjahr als wahre Meister der Möglichkeitsform erweisen: *»I wär jetz dr Bestimmer ond dät zo dir saga: jetz fahra mr en Supermarkt!« »Jò, on nò dätsch du da Audoschlissel net fenda, on jetz käm i mit mei'm Modorrad!«...*

Was däte-mr au'?

»Täätschzeit« ist der merkwürdige Titel eines Gedichtbändchens von Friedrich E. Vogt, das 1973 erschienen ist. Was mit diesem Titel gemeint ist, erklärt ein ebenso überschriebenes Gedicht. Schon der Untertitel »Jeremiade eines Pensionärs« deutet die Richtung an. Nach einigen Zeilen heißt es: *»... etzt bist en dr Täätschzeit, / etzt tuat s Weib dirigiera«*, und der Schluß veranschaulicht diese Feststellung in der bewegten Klage:

Täätsch mr net vielleicht ao noh
s Eßzemmer blocka...
Täätsch mr dees,
täätsch mr jenes,
täätsch, täätsch...
des halt i net aus, s nemmt oi'fach koi' End
ihr Repertoire uf dr Räätsch!

Etzt bleibt mir bloß oi's:
Gòht dui Kirbe so weiter,
nò gang i ufs Arbeitsamt nom
oder meld uf dr Stadt mi als Aushilf em Tagloh':
des »Getäätsche« drhoim isch mr z domm!

Mit diesem Gedicht hat Vogt nicht nur – aus seiner Sicht – eine ganze Lebensphase charakterisiert. Es ist ihm auch gelungen, auf eine sprachliche Eigenart aufmerksam zu machen, die dem Schwaben so selbstverständlich ist, daß sie ihm kaum bewußt wird: die außerordentlich vielseitige und nuancenreiche Verwendung des Wörtchens »tun«.

Schon allein für die liebevoll-dringliche Bitte, die Vogt zitiert, lassen sich mancherlei Varianten finden. Man kann offen und ehrlich zur Form der Aufforderung greifen: *dua mr ao amòl...* Die unbestimmte Zeitangabe *ao amòl* dient hier als höfliche Abschwächung, indem sie vorgibt, es sei in das Belieben des Aufgeforderten gestellt, wann er zu reagieren gedenke. Aber das klingt nur so. In Verbindung mit *dua* heißt das nämlich kaum etwas anderes als »sofort«!

Dieselbe Aufforderung kann auch in der Form *duasch mr ao mòl...* vorgebracht werden. Das sieht wie eine Frage aus, klingt aber vom Tonfall her normalerweise wie eine Feststellung – und wer kann sich schon einem Ansinnen entziehen, dessen Vollzug bereits als Faktum betrachtet wird?

Wie ein freundliches Kooperationsangebot kommt vergleichsweise die nächste Variante daher: *dean-mr jetz endlich...?* Aber auch da darf man sich nicht täuschen lassen. Wie die veränderte Zeitangabe schon erkennen läßt, ist jetzt die höchste Dringlichkeitsstufe erreicht, und das Angebot, daß »wir« zu Werke schreiten sollten, bedeutet im Klartext, daß der Angesprochene jetzt unter Aufsicht gestellt wird, damit die Arbeit auch zuverlässig getan wird. Da bleibt kaum mehr Gelegenheit für die Lieblingsfrage jedes Zauderers: *»Jetz was duar-e!«*

Diese Frage ist im übrigen auch ein höchst effektvoller Bestandteil dramatischen Erzählens im Schwäbischen. Der Zuhörer wird hineingeführt in das wogende Geschehen, der Konflikt wird ausgemalt und zugespitzt, und gerade dann, wenn der Ich-Erzähler als Held das Schwert erhebt, um den gordischen Knoten zu durchschlagen, läßt er den Zuhörer noch einmal zappeln, indem er, Teilnahme heischend, fragt: *»Jetz was duar-e?«* (Das von der Wortform her unbegründete *r* hat sich zur Aussprachеerleichterung als Gleitlaut zwischen die Selbstlaute geschoben.)

Wichtiger noch als für die Aufforderung ist die Umschreibung mit »tun« im Schwäbischen für die Frage. In diesem Punkt weist unsere Mundart übrigens eine bemerkenswerte Parallele mit dem Englischen auf: *»Duasch veschbera?« »Duasch s Audo butza?«* Dieses anteilnehmende Fragen hat sich auf dem Land zu einer regelrechten Form des Grüßens entwickelt: *»Deant-r haiba«* (Heu machen)? *»Deant-r Mischd fihra?«* (wobei südlich der Linie Rottweil-Ulm die Lautformen *dònt* und *dant* vorherrschen).

Jetzet duar-e s Audo butza!

Während die genannten Fragen rhetorisch sind – sie haben auch nur die Aufgabe, Kontakt herzustellen –, ist es als echte Frage gemeint, wenn es heißt: *»Duasch du mir mei' Fahrrad repariera?« »Duasch du mi gschwend en d Stadt fihra?«* Man kann auch fragen: *»Was duasch heit middag?«* Als Antwort ist dann vielleicht zu hören: *»Dò duar-e ei'kaufa«* oder sogar: *»Dò duar-e schaffa«*, was zeigt, daß »tun« hier einfach eine grammatische Funktion hat. Thaddäus Troll hat einmal darauf hingewiesen, daß der Schwabe sogar sagen kann: *»i dua faulenza«* – falls er das fertigbringt.

Diese grammatische Funktion des Wörtchens »tun« in der Umschreibung hat seine Verwendbarkeit als Tätigkeitswort aber nicht eingeschränkt. Vielmehr läßt sich auch da eine reiche Palette an Ausdrucksmöglichkeiten feststellen.

Da kann man zum Beispiel in schwäbischer Sparsamkeit von einer angeschlagenen Tasse sagen: *»I glaub, dia duat's scho noh a Weile«.* Man kann auch, wenn man atemlos zum Bahnhof hastet, nach einem Stück der Strecke und einem Blick auf die Uhr beruhigend zum Partner sagen: *»I glaub, s duat's noh!«* Was dann in diesem Fall bedeutet, daß es auch in langsamerem Tempo noch reichen würde. Die Feststellung: *»Jetzt duat's aber!«* ist dagegen eine gängige Kennzeichnung für ein rechtes Sudelwetter oder einen Gußregen.

Auch die Leute tun natürlich allerhand: *d Wenderroifa radoa, s Hai nufdoa* (das Heu hinaufschaffen), *em Nòchber sei' Beile wieder nomdoa* (sein – entlehntes – kleines Beil wieder hinüberbringen), für einen guten Freund *a Stuck Speck wegdoa* (beiseite legen), an das Gemüse *Budder na'doa* – um nur einiges zu nennen. Natürlich kann man auch einfach *gar nex doa* – auch wenn das dem landläufigen Bild vom Schwaben widerspricht. Die Feststellung *der duat wia narrat* kann dasselbe bedeuten wie *der schafft wia narrat,* also »arbeitet wie verrückt«, aber auch »der tobt, schimpft, schreit«. Zu Kindern würde man in diesem Fall sehr nachdrücklich sagen: *»Duasch jetz net guat?«*

Je nach Situation mißbilligend oder entsetzt hört man: *»Was deant-r au'?«* von jemand, der Zeuge eines Mißgeschicks ist oder zusehen muß, wie etwas *em O'verstand* getan wird. Das kann die Mutter sagen, wenn die Kinder beim Abtrocknen eine Tasse fallen lassen oder beim Spielen vergessen haben, daß sie auf die kochende Milch aufpassen sollten – aber auch der Fußballfan, der zuschauen muß, wie seine Mannschaft ein Tor kassiert, weil die Hintermannschaft nicht aufgepaßt hat. *»Was deant-r au'?«* kann aber auch in einer Mischung aus Mißbilligung und Resignation der Jubilar sagen, der mit Geschenken überhäuft wird.

Teilnahmeheischender Ausdruck der Resignation und der Hilflosigkeit ist vollends die Frage: *»Was hätt-e au' doa solla?«* die nur der Form nach nicht ganz so fatalistisch ist wie der Satz *»Dò ka'sch halt nex macha!«*

Die Frage *»Was däätsch jetz du dò do?«* ist nicht nur ein Beispiel für die klanglichen Reize des Schwäbischen, sondern eine ernstgemeinte Bitte um Rat. Dagegen kann die Feststellung *»Dees isch jetz au' noh net doa* (oder *dao)!«* je nach Situation als strenger Tadel oder als nachdrückliche Aufforderung zum Handeln aufgefaßt werden – auf jeden Fall als eine Aussage, die uns wieder in die *Täätschzeit* zurückführt, von der wir ausgegangen sind.

... aber gewußt wie!

Wie man auf anderen Wegen auch zum Ziel kommt.
Von den Eigenarten schwäbischer Satzbildung.
Neue Wörter nach Bedarf.
Wie man Richtungen bezeichnet
und sich richtig hineinsteigert.

Net zom glauba

ist es, was manche heute mit dem Schwäbischen anstellen! Da konnte man früher folgende kleine Geschichte erzählen:

»*Net zom Aushalda isch es mit mei'm Ma',*« klagte die Huber-Bäuerin dem Bürgermeister, ihrem Schulkameraden. »*Nix schaffa will er, saufa duat er, ond wenn-r oin sitza hòt, nò haut-r me em Viereck rom, s ischt ebbes Args! I lauf drvo'!*« »*Langsam, langsam,*« versuchte der Bürgermeister ihr zuzureden, »*probier's doch nomòl en Guatem!*« »*Dò gibt's nix meh zom Probiera,*« sagte die Huberin, »*s isch nemme zom Aushalda, i sag dir's, net oin Tag!*« »*I fròg me bloß oi's*«, meinte da der Bürgermeister, »*— wenn er so an wüaschter Denger isch, dei' Ma', — worom hòsch-en nò iberhaupt gheiròtet sellemols?*« »*O woisch*«, blitzte ihn da die Huberin an, »*wemmer äwwl älles em voraus wissa dät, nò wärsch du au' net Schultes worda!*«

Heute müßte man damit rechnen, daß die Huber-Bäuerin auf Neu-Schwäbisch sagen würde: *s isch net auszomhalda!* Denn wenn man die Ohren aufmacht, bekommt man neuerdings landauf, landab zu hören: *I han koi' Zeit, mei' Audo zom butza,* wo man früher gesagt hätte *zom mei' Audo butza,* oder *I han koi' Luschd, fir eich da Kaschber zom spiela,* statt *zom eich da Kaschber spiela.* Verwunderlich ist dieser Sprachwandel nicht. Immer mehr Schwaben sind inzwischen auch der Hochsprache mächtig. Deren Konstruktionen wirken damit auf die Mundart zurück, denn beim gleitenden Übergang von der einen Sprachform in die andere werden die Satzkonstruktionen oft beibehalten. Das ist auch bei den sperrigen zu-Konstruktionen zu beobachten, die ein Mundartsprecher sich beim Erlernen der Hochsprache erst einmal mit Mühe aneignen muß. Aber dann führen Sätze wie »Sie standen da, ohne ein Wort zu sagen« zu neuschwäbischen Äußerungen wie: »*Se send dògstanda ohne a Wort zom saga*«. In der Mundart gab es in diesem Fall ursprünglich gar keinen Anlaß für eine zu-Konstruktion. Da sagte man entweder: »*Se send dògstanda ond hent koi' Wöartle gsaet*» oder: »*Se send dògstanda, ohne daß se a Wöartle gsaet hättet*«.

Das Schwäbische kennt viele Möglichkeiten, die hochsprachliche *zu*-Konstruktion zu umgehen. Am einfachsten ist natürlich das Weglassen: »*Des brauchsch du mir net saga*« (Das brauchst du mir nicht zu sagen). So einfach geht es aber nur bei »brauchen« und »helfen«. In anderen Fällen wird »zu« ersetzt: »*s hòt ufgheert mit regna*« (Es hat aufgehört zu regnen). In den meisten Fällen wählt man aber in der Mundart von vornherein eine ganz andere Satzkonstruktion. Statt »Es war nichts mehr zu sehen« sagt man auf schwäbisch eher *ma' hòt nex maeh gseha;* statt »Sie hat versprochen zu kommen« *se hòt vrsprocha, daß se kommt.*

Was die ganze Sache noch komplizierter macht: Nach »sein« und »haben« wird auch im Schwäbischen in bestimmten Fällen »zu« verwendet – aber dann mit einer eigenen Form des Zeitworts, für die es in der heutigen Hochsprache gar keine Entsprechung mehr gibt: *Dia hent nex z lachet; deane isch net z helfet.*

Die Konstruktion mit »zum« schließlich ist im Schwäbischen ausgesprochen beliebt. Nur wird sie anders verwendet als in der Hochsprache. »Wir gehen einkaufen« heißt beispielsweise *mir ganget zom ei'kaufa;* »ich habe noch zu tun« *i han noh zom doa,* und aus dem Satz »Er ging nach Hause, um Geld zu holen« wird auf schwäbisch *Er isch hoimganga zom Geldhola.* Zwar können Mundart und Hochsprache gleichermaßen aus Zeitwörtern Hauptwörter machen, und ein Satz wie *Zom Spazieraganga han-i koi' Zeit* läßt sich Wort für Wort problemlos in die Hochsprache übertragen. Aber die Mundart nützt diese Möglichkeiten viel unbefangener aus und bildet mit Leichtigkeit Konstruktionen wie: *Zom uf da Märkt ganga han-i koi' Zeit,* wo die Hochsprache ausweichen müßte auf »Ich habe keine Zeit (um) auf den Markt zu gehen«. Manchmal entstehen dabei ganz reizvolle Klanggebilde wie: *»Zom domm romstanda semmer net komma!«* Mit diesen Beispielen soll es aber genug sein, sonst sagt noch der eine oder andere: *»Dees isch fei' zom aus dr Haut fahra!«*

...derweilscht gang i zom Veschbera!

Auch wenn man den Schwaben nachsagt, daß sie nicht gern viele Worte machen – gelegentlich soll es doch vorkommen, daß sie mehrere Sätze nacheinander sagen müssen, wie andere Leute auch. Und dabei ist es meistens unumgänglich, daß man diese Sätze auch in irgendeiner Weise verbindet. Beim Erzählen bevorzugt der Schwabe die Kette mit *nò* oder *ond nò:*

»... nò han-e mei' Fahrrad gnomma ond be' zom Ròthaus gfahra. Nò ben-e zom Schultes nuf. Nò isch der net dò gwea. Nò han-e sell Frailain gfròget, wo-n-er sei ...«

Grundschüler lernen, daß man für *nò* »dann« sagen muß – und dann lernen sie, daß sie »dann« am Satzanfang überhaupt möglichst vermeiden sollen. Aber da ist guter Rat erst einmal teuer, denn das Schwäbische ist in diesem Fall offenbar nicht so sehr für Abwechslung. Wo es geht, werden die Sätze, wie schon gesagt, unverbunden nebeneinander gestellt. Wenn sie doch verknüpft werden müssen, ist das vielseitig verwendbare Wörtchen *wo* (in vielen Gegenden *mo* gesprochen) zur Stelle. Fahren wir fort in unserer Erzählung:

Wo nò dr Schultes wieder kommen-isch, hòt-r des Mädle gfròget, wo der Ma' sei', wo vorig do g'wartet häb.

Dreimal wird hier *wo* verwendet, und auf dreierlei Weise muß es in der Hochsprache wiedergegeben werden: »als«, »wo«, »der«. Dieses schwäbische *wo* ist aber nicht nur bemerkenswert vielseitig, sondern auch sehr praktisch. Da es keine Fallbeugung kennt, muß es nicht auf Geschlecht und Zahl Rücksicht nehmen:

Dia Frau, wo der mitbròcht häb, wart' dussa uf em Gang, ond dia häb selle Onderlaga, wo der Ma' hätt holla wella, scho en ihrer Handdasch!

Aber so häufig dieses *wo* allein auftaucht, so wenig will es sich der Zusammensetzung fügen:

Uf was se denn jetz noh wart', hòt er nò dia Frau gfròget, wo grad wieder zor Tür rei'komma isch. »Ha, uf mein Ma' nadierlich!« saet se, ond wo der na'ganga sei'? Des wiß er au' net, moint dr Schultes. »Nòch was dät's jetzt au' Sia en so'ra staubiga Amtsstub gluschda?« misch' i mi ei'. – Des hätt-e aber besser bleiba lassa! Des Weib ond der Schultes send wia oi' Ma' uf me nei' – wenn au' net aus em gleicha Grond. So schnell ben-e noh nia zom Ròthaus duss gwea! Nò ben-e halt nom en Ochsa. Ond wen sih-n-e dò? Sellen Ma' – grad wia-n-e mr's denkt hao. Dò isch halt au' gwea wia beim Mariele vo Waddawies. Dia hòt älls gsaet: »Oh, wisset-se, mei' Ma', der hòt halt scho emmer gern z naß g'veschberet!«

Man sieht, die Wörter »worauf«, »wohin«, »woran«, »wonach« erscheinen im Schwäbischen nie in der zusammengesetzten Form; an ihrer Stelle stehen *uf was? wo na', an was, nòch was.* Nicht so vielseitig wie *wo,* aber doch häufig gebraucht, ist *wia,* das vor allem an die Stelle von hochsprachlichem »als« tritt: *»Jetzt wia-n-i dean gseha han...«; »dòmòls, wia dr Albert aus em Kriag komme-n- isch...«* In beiden Beispielen wäre auch *wo* statt *wia* möglich. Allerdings scheint dieses mehr den Vorgang, *wo* den Zeitpunkt zu betonen.

Ersetzt wird auch das hochsprachliche »als ob«: *»Dia standet dò, wia wenn se des älles nex a'ganga dät!«* Manchmal müssen noch kompliziertere Zusammenhänge ausgedrückt werden. Das ist im Schwäbischen ebenso möglich wie in der Hochsprache, aber es geschieht mit anderen Mitteln. Ein Satz wie: »Nachdem wir die Arbeit abgeschlossen hatten, vesperten wir ausgiebig« könnte in der Mundart so lauten: *»Z'erscht hemmer fertig g'macht, nò hemmer da reachta Weag g'veschberet«.* Die Feststellung »Obwohl er ein Faulenzer war, hatte er immer Geld in der Tasche« könnte man schwäbisch so wiedergeben: *»Trotzdem daß er an Faulenzer gwea isch...«* oder *»wenn er au'...«,* aber ganz mundartgemäß wäre wohl erst eine Fassung wie diese: *»Freile isch-r an Faulenzer gwea, aber Geld hòt-r oineweag emmer em Sack ghet!«*

Ähnlich ist es mit der Konstruktion »Zwar ist er ein Lump, aber ich mag ihn trotzdem«. Mit entsprechender lautlicher Einfärbung könnte man den

Dia standat au' dò,
wia wenn se des älles nex a'geng!

Satz auch als passables Schwäbisch gelten lassen. Der gesprochenen Sprache gemäßer wäre aber eine Formulierung der folgenden Art: *»S isch scho an Lomp, aber i mog-en halt oineweag«.*

Das Wort »während« und damit auch die mit ihm gebildeten Konstruktionen sind dem Schwäbischen fremd. Statt dessen verwendet man *solang,* also: *»Solang du di noh a'ziagst, gang i scho mòl en Garda«.* Und da der Genitiv dem Schwäbischen ebenfalls ziemlich unbequem ist, wie wir gesehen haben, ist vollends eine Konstruktion mit »währenddessen« undenkbar. Die Mundart verwendet in diesem Fall *derweil(st): »Mach du no vollferdig – i gang derweilst scho mòl zom Veschbera!«*

Von dem ond von sellam

lautet der Titel eines Gedichtsbands, den der schwäbische Mundartdichter Otto Gittinger 1925 veröffentlicht hat. In diesem Titel finden wir gleich zwei Eigenheiten des Schwäbischen: die Verwendung des betonten Artikels in hinweisender Funktion und den Gebrauch von *selle* für »jene« – denn in der Hochsprache müßte der Titel lauten: »Von diesem und von jenem«. Davon soll im folgenden die Rede sein.

Ob ein Kind oder Erwachsener – es wird kaum einen Schwaben geben, der noch nie dem Zungenschleifer begegnet ist:

Schellet se net an sellera Schell –
selle Schell schellt net!
Schellet se an sellera Schell –
selle Schell schellt!

Zu verstehen ist er gar nicht schwer, obwohl er so fremdartig klingt. Die *Schell* ist die »Klingel« oder »Hausglocke« und *schellen* deren Betätigung. Die »mißbräuchliche Inbetriebnahme« heißt folgerichtig *schellabutza* oder *Schellabergerles doa;* ein *Schellaberger* ist ein Lausbub.

Das Wort *selle* müßte man der Herkunft entsprechend mit »selbige« übersetzen. Aber während das hochsprachliche Wort betulich und altertümlich klingt, ist die abgeschliffene schwäbische Variante quicklebendig. In hinweisender Funktion kann sie nicht nur für »jene« stehen, sondern auch für »das«, wie die folgenden Beispiele zeigen: *»Sell isch au' net sicher!« »Wenn mr sell no gwiiß wißt!«* Wenn in einem Gespräch gerade von einer bestimmten Person die Rede war, kann man sagen: *»Der sell hòt me noh nia leida könna – aber i da sella au' net!«* In der – oft ironisch gemeinten Aufforderung *»Sell duasch jetz grad nommòl!«* bedeutet *sell* soviel wie »das« oder »dasselbe«. In Verbindung mit einem Eigennamen wird es zur Distanzierung verwendet: *»Geschdern han-e selle Frau Meier troffa...«* Wenn eine Mutter zu ihrer heranwachsenden

Tochter sagt: »*Also, sellen Horst brauchsch gar nemme brenga*«, schwingt deutliche Mißbilligung mit.

Durch den lautlichen Gleichklang antwortet *sella* auf das Fragewort *wela/wella* in der mundartlichen Form, die durch den Wegfall des -ch aus »welch-« entstanden ist. Ein Schüler hält seinem Banknachbarn seine zwei Pausenäpfel hin und fragt: »*Wela witt?*« und erhält zur Antwort: »*Da sella!*« Ein Mädchen, das sich zwischen zwei Verehrern nicht entscheiden kann, bittet ihre Freundin um Rat: »*Da wela soll i jetz nemma?*« »Derjenige welche« ist dann allerdings im Schwäbischen *seller wo.*

Wie schwer es Schwaben mit diesen kleinen praktischen Wörtern haben können, zeigt eine Geschichte, die sich vor Jahren in Paris abgespielt haben soll:

> Ein Schwabe hielt sich zum ersten Mal in seinem Leben in der französischen Hauptstadt auf. Französisch konnte er nicht. Um so mehr beeindruckte ihn alles, was er sah. Als er in einem Restaurant, ganz in den Anblick der reizenden Französinnen um ihn her versunken, von seinem Tischnachbarn angesprochen wird: »Du sel, s'il vous plaît!« antwortet er mit einem tiefen Seufzer: *»Di wel?«*

Auf ein weiteres vielgebrauchtes Wort stoßen wir in folgendem Dialog zwischen einem Verkäufer und einem Kunden, der Schrauben braucht und unschlüssig das reichhaltige Angebot betrachtet: *»De wele brauchet Se denn?« »Ha – gebet Se mr mòl sotte!«* Unzweifelhaft – und durch eine begleitende Geste immer eindeutig bezeichnet – sind damit »solche« gemeint. Die schwäbische Form hat sich in diesem Fall nicht einfach durch Abschleifung ergeben. Sonst wäre das *t* nicht zu erklären. Vielmehr ist sie auf eine mittelalterliche Wortform *so(ge)tan* »so beschaffen« zurückzuführen. Im Sprachgebrauch mancher Schwaben klingt diese noch an, wenn sie sagen: *»A sottena Dommheit han-e noh nia gseha!«* Die allgemein verbreitete Form ist heute aber *sotte* mit der Nebenform *sottige* (im Allgäu *sette* und *settige).* Die bekannte allgemeine Charakterisierung der Schwaben: *»S gibt sotte ond sotte – aber meh sotte wia sotte!«* ist in beiden Formen zu hören.

Da das Schwäbische – wie jede Mundart – fast ausschließlich gesprochen wird, ist die Betonung der Wörter im Satzzusammenhang besonders wichtig. Sie hat dazu geführt, daß es von den Fürwörtern jeweils mindestens zwei deutlich unterscheidbare Varianten gibt.

Nehmen wir »ich«, das ebenso wie »mich« und »sich« stets ohne *ch* gesprochen wird. Im einen Fall hört man es als ein kurzes, schwaches *e: »Do fròg-e me, mach-e-s oder mach-e-s net.«* Ganz anders klingt es, wenn ein Gegensatz betont werden soll: *»Dò fròg i mi: worom soll grad i des doa ond net du?«* In der älteren Mundart wäre statt *du* in der betonten Form sogar *dau* zu hören gewesen, während die unbetonte Form zu *de* abgeschwächt wird: *i heer de!* (Ich höre dich) oder ganz verschluckt wird: *Des ka'schd au' bleiba lao!* (Das kannst du auch lassen) oder *kommsch etz?* (kommst du jetzt?).

Die Unterscheidung von betonter und unbetonter Form gilt auch für die 3. Person: *»Wa isch, hòt-r se jetz g'heirigt?«* (geheiratet) – *»Jò, aber s isch a Elend: sui hòt nex mitbròcht ond ear hòt nex g'het!«* Insbesondere zur Kennzeichnung der beiden Ehegatten wird die betonte Form verwendet: *»Gòht sui au' mit?«* In der Anredeform können beide Varianten in einem Atemzug gebraucht werden: *»Ja saget Se no – was saget jetzt Sia dò drzua?«*

Auch die Mehrzahlformen folgen demselben Muster: »*Miar send Kerle, des semmer scho äwwl gwea! Ja, hend-r dees no et g'wißt? Iar wisset au' gar nex!*«

Bei den betonten Formen sorgen landschaftliche Unterschiede dafür, daß das Bild noch bunter wird. Am auffälligsten sind sie bei »uns«. In der Rottweiler Gegend sagt man unter alemannischem Einfluß *iiß,* sonst im Westschwäbischen *aes,* im übrigen Gebiet *aos* oder – vor allem im Ostschwäbischen – *o's.* In einem Zipfel, der sich von östlich von Göppingen bis zum Ries erstreckt, hat diese Form außerdem merkwürdigerweise die wir-Form ersetzt. Der Volksspott hat sich diese Besonderheit nicht entgehen lassen. Die Rieser werden damit geneckt, daß man ihnen die folgenden Verse in den Mund legt, die zugleich auf die dort verbreitete Gänsezucht anspielen:

O's Nearlenger	Wir Nördlinger,
o's Löpsenger,	wir Löpsinger,
o's freasset geare' Gä's.	wir fressen gerne Gänse.
O's ropfet's net,	Wir rupfen sie nicht,
o's zopfet's net,	wir zupfen sie nicht,
o's freasset's mit de Schwä'z!	wir fressen sie mit den Schwänzen!

Während wir sonst immer wieder Anlaß haben, auf die Neigung der Schwaben zum Wörtersparen und Silbenverschlucken hinzuweisen, sind sie – wen wundert's – bei Besitzangaben lieber überdeutlich, auch wenn dazu ein Wort mehr nötig ist. Bei Besitzangaben mit dem betonten Fürwort heißt es deshalb oft verdeutlichend: *»Des isch eam sei' Sach«* (seine Sache, sein Besitz). Entsprechend kann man sagen: *»Des send ihra ihre Meebel«.* Wenn hier ausnahmsweise viel sprachlicher Aufwand betrieben wird, so können wir anderweitig doch auch wieder Einsparungen verzeichnen, zum Beispiel da, wo vom Ehepartner nur als *de Mei'* oder *dr Mei'* gesprochen wird: *Wenn dees de Mei' wiißt!*

An einem sonnigen 1. Mai macht eine Frau in aller Frühe ihren Fensterladen auf, atmet beglückt die frische Frühlingsluft ein und ruft fröhlich zu ihrer Nachbarin hinüber, die eben im Garten erscheint: *»Der Mai isch gekommen!«*, worauf diese bissig zurückgibt: *»Dr Mei' noh net!«*

Schließlich verdient noch eine Merkwürdigkeit Erwähnung, die in der alltäglichen Unterhaltung gar nicht selten vorkommt, aber – ähnlich wie andere Füllwörter – kaum wahrgenommen wird: die Einfügung von persönlichen Fürwörtern im Dativ, um einer Aussage Nachdruck zu verleihen oder um besondere Aufmerksamkeit zu fordern: *»Ond daß du mir fei' jò deine Hausaufgaba machsch!« »Des war dir a Wetter!« »Dees send eich velleicht a baar liadriche Fetza!«*

Besonderer Beliebtheit erfreut sich im Schwäbischen das Wörtchen »man«. Es wird häufig benützt, um eine direkte Anrede zu vermeiden: *»So, fährt ma' en Urlaub?« »Ka' ma' scho auf sei'?«* Das ist besonders praktisch, wenn man sich nicht sicher ist, ob man den Betreffenden mit Du oder Sie anreden sollte. Aber auch Vorwürfe werden gern in dieser verallgemeinerten Form vorgebracht. Das nimmt ihnen scheinbar etwas von ihrer Schärfe: *»Duat ma' au' Milch en Moschdkruag nei'?« »Ka' ma' oim do' net vorher ebbas saga?« »Schreit ma' au' so wüascht?«* Im Grund erhalten die Vorwürfe durch diese Verallgemeinerung aber ein größeres Gewicht, denn das individuelle Verhalten wird durch diese Formulierung zu einem Verstoß gegen eine allgemeine Regel gemacht. Gleichzeitig vermeidet der Sprechende geschickt die direkte Konfrontation.

Auch Aufforderungen kann man in dieser allgemeinen Form vorbringen: *»Ma' sott gao Liacht macha!«* Diese Aussage wendet sich an niemand direkt – es hängt ganz von den Beziehungen zwischen den jeweils Anwesenden ab, ob der Sprechende das Licht selbst anzündet – mit seiner Feststellung sozusagen nur das Einverständnis der anderen einholen wollte –, oder ob er erwartet, daß sonst jemand es für ihn tut. In einem solchen Fall könnte man versucht sein zu fragen: *»Wia hätt ma's denn gern?«*

s' maielet

Alle Jahre wieder darf man diese erfreuliche Feststellung machen. *»S maielet«* – das bedeutet im Schwäbischen: Es duftet nach Mai, Frühling, Blüten und frischem Gras. Kein Wunder, daß man allenthalben die Leute *gärtla* und *häckla* sieht. Es ist ja auch höchste Zeit.

Das *-la* am Ende dieser Zeitwörter darf nicht mit der Verkleinerungssilbe *-le* verwechselt werden. Erstens klingt es ganz anders. *Schäffla* (leichte Arbeit tun, ein bißchen schaffen) unterscheidet sich in der Ausgangssprache deutlich von *Schäffle* (kleines Schaff, Schöpfgefäß). Und zweitens ist selbst bei den Wörtern, die wie *schäffla* oder *köchla* (ein bißchen – oder besonders fein – kochen) den Bedeutungsaspekt der Verkleinerung enthalten, der Aspekt des »wiederholten oder andauernden Tuns« ebenso wichtig, und bei Wörtern wie *roefla, fuaßla* (schnell laufen, rennen) oder *fältla* (in Falten legen) steht er sogar im Vordergrund.

Dennoch brauchen wir nicht zu verschweigen, daß nicht wenige dieser Wörter mit *-la* eine Komponente des Niedlichen und Zärtlichen enthalten, so, wenn ein Kleinkind *schläfla* (seinen Mittagsschlaf machen) soll, oder wenn es *dockelet,* mit der *Dock,* der »Puppe« spielt. Und da schon das Sprichwort »Mai« gefallen ist, darf *füaßla* (unter dem Tisch mit dem Fuß Liebesbot-

's maielet

schaften austauschen) erwähnt werden, das durchaus zu Weiterem führen kann, wenn man eine solche Angelegenheit geschickt *fengerlet* (anpackt, arrangiert). Allerdings darf man nicht einfach unverfroren *däbla* (unerlaubterweise oder schüchtern anzufassen versuchen – von *Dòba* »Hände, Finger«), auch wenn es einen *pfupferlet* (lockt, drängt). Da ist es schon besser, wenn man rechtzeitig merkt, daß eine vermeintliche Schönheit *fernelet,* das heißt »aus der Ferne besser aussieht als aus der Nähe«.

Eine schwäbische Besonderheit unter den Zeitwörtern auf *-la* sind vor allem diejenigen mit der Bedeutungskomponente »riechen nach« (auch hier ist die Grundbedeutung des Andauerns erkennbar), zu denen auch das *maiela* der Überschrift gehört. Die unangenehmen Gerüche scheinen dabei allerdings zu überwiegen: *feisela, meichela* (nach Moder oder Schimmel riechen), *schwoißela* (nach Schweiß), *soichela* (nach Urin riechen – vor allem von nicht ausreichend gewässerten Schweinenieren gesagt); auch *brenzela, braischtela* (Brandgeruch ausströmen) und *apothekerla* (nach Apotheke, Arznei riechen) sind geläufige Beispiele. Bei schlecht ziehenden Öfen war früher oft festzustellen, daß es *gaselet* (nach Kohlengas riecht).

Die feineren sprachlichen Unterscheidungen, die das Schwäbische bereithält, sind heute kaum mehr geläufig und vielleicht auch unerheblich: Wer *schnäpslet* (gern heimlich Schnaps trinkt), der wird unvermeidlich auch ein bißchen *schnapsela* (nach Schnaps riechen). Nicht mehr ohne weiteres zu verstehen ist das früher übliche *schmergela* (nach ranzigem Fett/Schmer, nach ranziger Butter riechen). Es war vielsagend, wenn ein für sein Lästermaul bekannter Literat im 18. Jahrhundert eine hochgestellte Dame als »Donna Schmergelina« bezeichnete – allerdings bei den damaligen Verhältnissen vielleicht nicht ganz so ehrenrührig, wie es in unserem geruchsempfindlichen Zeitalter wäre.

Über solche speziellen Wortnischen hinaus ist die Nachsilbe *-la* im Schwäbischen wie in der Hochsprache bis heute ein handliches Mittel, um aus Hauptwörtern Zeitwörter abzuleiten. Die Mundart verfährt dabei unbefangener und spontaner als die Hochsprache. Da kann man einen Baum *gipfla* (ihm den Gipfel nehmen), man kann *hondla* (schwimmen wie ein Hund), und man kann sogar *roala* (im Frühjahr das Gras am Rain – *Roa'/Roi'* – abbrennen) – was allerdings heute nicht mehr erlaubt ist. Auch in der Hochsprache kann man »sandeln«, aber richtig *dreckla* kann man nur auf schwäbisch, und zwar in mehrfacher Bedeutung: »Im Dreck spielen«, »Dreck machen« und schließlich »herumtrödeln, langsam arbeiten«. Wenn eine Frau von ihrer Bluse sagt: *»Dia drecklet arg«,* dann heißt das, daß sie den Schmutz leicht annimmt.

Ein besonders eindrucksvolles Beispiel für die Leichtigkeit, mit der man im Schwäbischen Zeitwörter mit *-la* bildet, hat uns Theodor Haering überliefert. Er erzählt:

In meiner Jugend hieß der Direktor der Tübinger Irrenklinik Siemerling; und eben damals wurde, was viel von sich reden machte, ein Kaufmann der Stadt, namens Frasch, erstochen. Da hörte ich ein paar Tage nach dem Mord einen Tübinger der »untern Stadt« dem anderen, halb scherzhaft, halb drohend – von Mistwagen zu Mistwagen zurufen, als sie beide in der engen Gasse aneinander stecken zu bleiben drohten: *»Machscht Platz, du Siemerling; sonst du'r i di* (tu ich dich) *fraschla!«*

Besonders farbig sind die Ausdrücke mit übertragener Bedeutung wie: *»Dò geit s nenz z verbleamlet!«* (Da gibt es nichts zu verblümeln, d.h. zu beschönigen) oder *»Dò hòt s em aber pfengstelet!«* (Da hat ihn Furcht ergriffen – wie die Menschenmenge am Pfingsttag!). Neulich hörte ich eine Frau sagen: *»Dò herbstelet s au' gwaldig!«*, als sie die gelben Blätter von einem Blumenstock ablas. Und wenn man von der Witterung spricht, kann es nicht nur *tröpfla* und *regnela* (leicht und kurz regnen), sondern auch *kitzabohnela* oder *kiesla* (leicht hageln) und im Winter *flöckla* oder *fetzela.* In der Grundschule sangen wir dann das Liedchen:

Es schneielet, es beielet,
es gòht an küahler Wend,
es fliagt a schneeweiß Vögele
aufs Köpfle jedem Kend!

's schneielet

Do vrreißt s de!

sagte das Rikele von Plochingen, als sie zum ersten Mal in Stuttgart im Kino gewesen war und am nächsten Tag von ihrer Freundin gefragt wurde, wie es denn gewesen sei. Und da dies noch in der guten alten Stummfilm-Zeit war, gab es keinen Zweifel daran, daß das Rikele den Film umwerfend lustig gefunden hatte.

Wenn heute jemand mit diesem Kommentar das Kino verläßt, darf man nicht so sicher sein, wie das zu verstehen ist. Denn *vrreißa* kann es einen vor Lachen oder aus Wut! Ein Nichtschwabe hätte aber mit der zitierten Äußerung auch noch andere Schwierigkeiten. Für ihn kann zwar ein Kritiker einen Film »verreißen«. Den von unserem Schwaben mit beträchtlicher Übertreibung in Aussicht gestellten Vorgang des Zerberstens müßte er dagegen als »zerreißen« bezeichnen.

Der abweichende Sprachgebrauch hat seinen Grund darin, daß im Schwäbischen der Hang zur Vereinfachung auch bei den Vorsilben der Zeitwörter gründliche Arbeit geleistet hat. Wo die Hochsprache fünf verschiedene Vorsilben aufwendet, kommt der Schwabe fast durchweg mit einer einzigen aus. So sind ihm »verraten« und »erraten« eines: *»Se hòt s net vrròta* (erraten), *nò han-e-ra-s halt vrròta«* (verraten)! Auch dem Schüler ist es ein Wort, aber keineswegs einerlei, ob er etwas *vrzähla* (erzählen) darf, oder ob er sich *vrzählt* (verzählt) hat.

Auch Bildungen mit *be-* sind dem Schwäbischen ursprünglich weitgehend fremd. In vielen Fällen genügt der Mundart das einfache Wort*»I zahl' dia Sacha morga!« »Laß au' meine Schuah sohla!«* In anderen Fällen bietet sich im Schwäbischen eine ganz andere Ausdrucksweise an. So heißt »beeile dich!« *mach nòre* oder *gang nòre;* »er beneidet mich« *der isch mir bloß neidig!* In der heutigen »verwalteten Welt« wird freilich längst auch auf schwäbisch *bea'tragt, bezuaschußt, beurdailt* und *beförderet.* Und zwischen *bedeana* (bedienen) und *vrdeana* (verdienen) wußten die schwäbischen Kellner und Bedienungen auch früher schon zu unterscheiden, obwohl zunächst *serviera* das gängigere Wort war.

Schwierigkeiten machen vor allem die Wörter mit *er-,* bei denen nicht nur die schwäbischen Schulkinder häufig im Zweifel sind, ob das ihnen vertraute *ver-* auch in der Hochsprache am Platz ist: *vrfriera* (erfrieren), *sich vrkälta* (sich erkälten), *vrspara* (ersparen), *vrsaufa* (ersaufen, ertrinken) – aber daneben auch, wie in der Hochsprache, *s ganz Geld vrsaufa,* wie das Lied vom lieben Augustin sagt:

s Weib isch verdloffa
ond s Geld isch vrsoffa...

Verdloffa (entlaufen) zeigt nicht nur den auch sonst anzutreffenden Gleitlaut *–d–* wie in *verdlehna* (entlehnen), sondern ebenso auch die Ersetzung von *ent-* durch *ver-*, das als schwäbische Universalvorsilbe gelten kann.

Auch hier ist aber festzustellen, daß dies kein schematischer Austausch ist. Im Schwäbischen ist die ganze Ausdrucksweise anders: »entfernen« – *wegdoa,* »entlüften« – *d Luft rauslao,* »entrümpeln« – *da ganza Gruuscht nausschmeißa,* »entkernen« – *ausstoina.* Und wenn jemand »etwas Unpassendes entfahren« ist, dann sagt er etwa: *»Des isch mr halt so nausgrutscht.«* Die Gegenüberstellung läßt deutlich werden, daß es hier nicht nur um grammatische Unterschiede, sondern auch um unterschiedliche Denkstile geht. Deshalb haben sich im Alltagsgebrauch die Bildungen mit *ent-* längst auch im Schwäbischen ausgebreitet und werden – mit der entsprechenden lautlichen Einfärbung, versteht sich – als handliche und fachsprachlich-exakte Ausdrucksmöglichkeit neben den mundartnäheren Umschreibungen benützt: »entkalken« – *da Kalk wegmacha,* »eine Flasche entkorken« – *a Flasch ufmacha,* »entrosten« – *da Rost wegmacha.* An der Wendung *oim da Rost radoa* (jemand zur Rede stellen, abkanzeln) kann man im übrigen schon ablesen, was sich in der Sprachgeschichte immer wiederholt: daß uns in festgewordenen Wendungen mit übertragener Bedeutung manches erhalten bleibt, was in der aktuellen Bedeutung längst Neuem Platz machen mußte.

Wo gohsch na?

Schwaben lassen sich so wenig gern ausfragen, wie andere Leute. Und so kann auf die neugierige Frage *»Wo gòhsch na'?«* leicht die unwillige Antwort folgen: *»Oimads halt!«*, womit klargestellt ist, daß man weitere Auskunft nicht geben will. Denn *oima, oimads, oimich, oimerzich* heißt auf schwäbisch »irgendwo«. Die Mitteilung *»I mueß gschwend oimads na'«* könnte man mit »Ich muß mal kurz weg« übersetzen; in bestimmten Situationen ist sie auch einfach eine Umschreibung für die Absicht, ein gewisses Örtchen aufzusuchen. *Oimads* muß natürlich jeder Mensch notgedrungen immer sein. Nur Kinder und Schwerenöter mit schlechtem Gewissen können auf die Frage: *»Wo bisch gwä?«* mit gespielter Unschuld antworten: *»Neaneds«* oder *»neana, neanich, nerga«*, was soviel heißt wie »nirgends«.

Aber auch, wenn ein Schwabe bereit ist, die Frage nach dem Wohin ehrlich und ernsthaft zu beantworten, ist damit noch nicht gesagt, ob ihn ein Nichtschwabe ohne weiteres versteht, denn gerade die Orts- und Richtungsangaben haben es im Schwäbischen in sich.

Für das hochsprachliche »nach« steht je nach Zusammenhang *uf* oder *ge: uf Stuagert* (nach Stuttgart), bei größeren Städten auch verstärkt als *uf Stuagert nei'; ge Tibenga* (nach Tübingen), (wobei sich hinter *ge* nichts anderes verbirgt als das altertümliche »gen«, die Kurzform von »gegen«). Die Wörtchen *uf* und *ge* können aber auch für ein hochsprachliches »zu« stehen: *uf da Bah'hof* (zum Bahnhof), *uf d Bank* (zur Bank), *uf d Arbet* (zur Arbeit), aber *ge Schaffa, ge Haia* (zum Heumachen).

Das Schwäbische hat freilich auch für das »zu« eine Verwendung, nur eben eine etwas andere als die Hochsprache. Man benützt es, wenn man sagt, wo man war. So heißt es zum Beispiel: *»Bisch z Stuagert gwä?«* (in Stuttgart) – *»Noi', z Cannstatt!«* Eine beliebte Frage lautet: *»So, au' z Märkt?«* (auch auf dem Markt?). Sie wird auch in einem ganz allgemeinen Sinn verwendet und ist häufig gleichbedeutend mit *Send-r au' dò?*

Bei Eigennamen verwendet das Schwäbische »zu« wie die Hochsprache, aber mit der Eigenart, immer den Artikel hinzuzufügen. Man geht *zu s Meiers,* wenn man das Haus und die Familie meint (das *s* ist in diesem Fall eine Erinnerung an die ursprüngliche Wendung »zu des Meiers Haus«), und *zum Meier,* insbesondere, wenn man von einem Laden oder einer Firma spricht. Man holt die Brezeln *beim Hammelehle,* den Salat *bei dr Lina.*

Häufig wird im Alltag aber nicht das Ziel, sondern die Richtung angegeben. Hierfür hat das Schwäbische eine große Zahl von Ausdrucksmöglichkeiten, die aber wiederum erheblich von der Hochsprache abweichen.

Hinter dem Wörtchen *na'* in der Überschrift versteckt sich »hin« (ursprünglich »hin-an« = an etwas hin). Dieses Wort hat sich im Lauf der

So, au' z Märkt?

Gang eine!

Sprachentwicklung viel gefallen lassen müssen. In den meisten Wortverbindungen ist es im Schwäbischen kaum mehr zu erkennen, zum Beispiel in *eine* (hinein – eigentlich »ein-hin«). Ich erinnere mich, daß eine Nachbarin in meiner Kindheit ihre Hühner mit dem in merkwürdigem Singsang vorgetragenen Ruf *»eine, eine, eine!«* lockte, der mir völlig unverständlich war und wie eine Zauberformel klang. Verständlicher ist die heute noch zu hörende Aufforderung: *»Gang eine!«* (Geh hinein!). *Einegea* (hineingeben) hieß bei den Bauern kurz und bündig, dem Vieh das Futter von der Tenne durch den Futterladen in die Raufe oder Krippe schieben.

Ein angehängtes »hin« steckt auch in den folgenden Richtungsangaben: *füre* (nach vorne), *abe* (nach unten), *ane* (vor sich hin – eigentlich »an-hin«), für das man im Allgäu auch sagt *so firanand na',* schließlich *hentere* (nach hinten). Die Wendung *Jetz gang-e gao hentere* (Jetzt will ich nach hinten gehen) war oft gleichbedeutend mit »Jetzt gehe ich dann schlafen«, weil die *Kammer* hinten hinaus lag. In einem Dorf auf der Alb soll *»Büttel, dua-s hentere!«* der stereotype Satz gewesen sein, mit dem der *Schultes* die Anweisung gab, Delinquenten abzuführen.

Einegea

Die hier aufgezählten Wörter und noch einige mehr können im Schwäbischen auch mit der zunächst merkwürdig anmutenden Endsilbe *-sche* erscheinen. Hinter dieser verbirgt sich ein abgeschliffenes und dem vorausgehenden *r*angepaßtes »sich«: *hentersche* (rückwärts) ist eigentlich »hinter sich«. Oft kann man hören: *»Wo-n-e dò neikomma be, wär-e am liabschta hentersche wieder zor Tür naus!«,* womit jeder im Bilde ist, daß »dort« untragbare Zustände – welcher Art auch immer – herrschten. Wenn jemand mit seinem Hof oder seiner Firma *hentersche macht,* dann geht es rückwärts oder *henta hott.*

Bäuerlicher Erfahrung beim Verladen von Tieren entstammt die Redensart: *»Wenn da it firsche* (vorwärts) *nei' witt, nò gòhscht halt hentersche nei'!«,* mit der man auch ganz allgemein ausdrücken kann: »Jetzt versuchen wir es eben noch einmal anders«, so wie der Ulmer Spatz ja auch gezeigt hat, daß *da langa Weag* (der Länge nach) manches geht, was *da broita Weag* (quer) nicht hinein wollte.

Abersche (abwärts), *ondersche* (unter sich, nach unten) gehören auch in diese Reihe. *»Wa isch, wächscht au' äwwel ondersche wia an Kuahschwanz?«* neckt bei Martin Lang der *Büschelesma'* recht grob ein altes Weible, das dann schimpft: *»O Ihr bodabaese* (bitterbösen) *Mannsleut!«* Wer Äpfel erntet, muß *übersche langa* (über sich greifen). Reife politische Erfahrung verrät das Sprichwort: *Wer übersche haut, deam fliaget d Spä'* (die Späne) *en d Auga!*

Wie »hin« wurde auch »her« abgeschliffen, das in *rom* »herum« oder »umher« und *ra* (herab) ebenso steckt wie in *are* (herunter – eigentlich »abher«) und *nòre* (voran – eigentlich »nach-her«), das vor allem in der Wendung *mach nòre!* (beeile dich, mach voran!) bekannt ist, an der sich auch die zunächst merkwürdig anmutende Bedeutung erklären läßt: Wenn die vorauswandernden Eltern dem nachhinkenden Sprößling immer wieder zurufen *»Mach nòre!«,* so ist das verlangte »Voran« ja in Wirklichkeit ein »Hinterher«, und selbst wenn man einen Schrank *nòreschiabt* (verrückt), kann das in vielen Fällen durchaus als ein »Nach-Rücken« gesehen werden.

Zur Bezeichnung des Hin und Her hält das Schwäbische dieselben Wortpaare bereit wie die Hochsprache: *rei'/nei'* (herein/hinein); *raus/naus* (heraus/hinaus) und so weiter bis zu *rom/nom,* (herum/hinum), bei dem die letzte Entsprechung in der Hochsprache fehlt. Diese oft gebrauchten Wörter sind in der Grundmundart abgeschliffen zu Einsilblern und tragen durch ihre Kürze zum typischen Sprachrhythmus des Schwäbischen bei: *ra* (herab), *nuf* (hinauf) und in manchen Gegenden sogar *ri/ni* für »herüber« und »hinüber«. Da klingt *vom Dach rahagla* schon ganz anders als »vom Dach herabfallen« und *nuflupfa* als »hinaufheben«!

Die hochsprachliche Richtungsangabe »-wärts« findet ihre Entsprechung in den meisten Fällen in einem schwäbischen *-zuas: herzuas, rufzuas* (als »heraufwärts« nicht wörtlich übersetzbar), *hoimzuas* (heimwärts), *nomzuas* (auf dem Weg hinüber) sind nur einige der Bildungen, die zeigen, daß die Mundart oft zu griffigeren und knapperen Lösungen kommt als die Hochsprache. So ist auch die Pointe der folgenden Geschichte eigentlich unübersetzbar:

Ein Zimmermann hatte in einem »besseren Haus« in Sigmaringen einen Parkettboden verlegt. Etwas zu früh für seinen Geschmack kam die Hausherrin, um die Arbeit zu begutachten. Prompt stellte sie mißbilligend fest: *»Des isch aber it grad eba!«* Ohne sich aus der Ruhe bringen zu lassen, entgegnete der Zimmermann: *»S isch jò au' noh it feedig! I sag mir halt: wegnea* (wegnehmen, abhobeln) *ka'n-e äwweil noh – aber it rufzuas hobla!«*

Für die hochsprachlichen Angaben mit »-wärts« hat das Schwäbische schließlich noch die Möglichkeit, statt eines Worts eine Wortgruppe zu verwenden: *em Her* (herwärts), *em Hoim* (heimwärts, auf dem Heimweg), *em Hemmel zua* (himmelwärts) – oder wie in der Pointe des berühmten Gògenwitzes:

Ein Gòg geht mit seinem Sohn den Weg zum Spitzberg hinauf, um nach den Reben zu sehen. An einer Wegbiegung steht ein offenbar herrenloser Handwagen, der dem Sohn in die Augen sticht, was er dem Vater mit einer auffordernden Kopfbewegung kundtut. Aber dieser brummt nur: *»Em Ra!«* (im Herab, auf dem Rückweg).

Meh wia schad

ist es, wenn man sich eine gute Gelegenheit entgehen läßt. Und *meh wia schad* wäre es, wenn die Schwaben diese eigentümliche Form der Steigerung von Eigenschaftswörtern außer Gebrauch kommen ließen. Es meint schon ein bißchen mehr als »sehr«, wenn einer beim Bohren feststellt: *»Des Holz*

isch doch meh wia hart«, oder wenn jemand angesichts eines Gemäldes oder eines Sonnenuntergangs bewundernd feststellt: *»Des isch jetz doch au' meh wia schee!«*

Wenig erfreulich ist es, wenn jemand gesagt bekommt, er sei *meh wia domm* (wozu es freilich noch bildkräftigere Varianten gäbe, wie zum Beispiel *weitnei' domm, riegeldomm, strohdomm, domm wia Saubohnastroh).* Ein besonderer Grad der Steigerung wird ausgedrückt durch *dömmer als domm.* Mißlich ist es,

wenn man im Urlaub feststellen muß, daß der Himmel *schwärzer als schwarz,* das Wetter *wüaschter als wüascht* ist. (Von den Leuten sagt man das im übrigen höchstens im Blick auf das Verhalten im Sinne von »garstig«, »ungehobelt«, »unanständig« – selten in bezug auf das Aussehen!)

Harmlos ist vergleichsweise die schwäbische Steigerung mit *arg,* das bei uns das hochsprachliche »sehr« voll und ganz ersetzt: Man hat es *arg eilig,* kommt *arg spät,* findet das *arg schad.* Im Unterschied zu »sehr« läßt sich diese Form im Schwäbischen bequem steigern: *»Nò han-e noh ärger schwitza müessa«* oder *»Der hòt emmer s ärgscht Gschroi!«* (das größte, schlimmste Geschrei). Die ursprüngliche Bedeutung »schlimm«, »schädlich« ist dabei meistens völlig verblaßt. Nur in einzelnen Wendungen wie *dia Supp isch arg hoiß* oder *er hòt arg Fieber* scheint sie noch durch, und in dem Tadel: *»Du bischd doch dr Ärgschd!«* (der Schlimmste) ist sie noch deutlich zu erkennen.

Man muß jedoch im Schwäbischen keineswegs immer gleich ins Volle greifen, wenn man seinen Standpunkt mit Nachdruck klarmachen möchte. Die verbreitete Auffassung, wenn man sich nur möglichst derb, möglichst drastisch ausdrücke, dann sei das typisch schwäbisch, verkennt, daß der Schwabe auch die ironische Untertreibung schätzt. So wird man als Besucher, nachdem man eine Zeitlang stumm und ergeben gefroren hat, taktvoll und bescheiden feststellen: *»Bei euch isch es au' net arg warm!«*

In einem anderen Fall kann, nachdem man einen längeren bewertenden Blick auf das Nachbargrundstück mit Swimmingpool, Doppelgarage und Wintergarten geworfen hat, die Bemerkung fällig sein: *»Dia send scheint's au' net grad arm!«*

Des send arg scheene Breschdleng!

Die schon oben aufgezählten abschätzigen Urteile über die Intelligenz eines Mitmenschen lassen sich ergänzen um die Wendung: *»Der isch halt a bißle domm«,* was einen hohen Steigerungsgrad bedeutet, zugleich aber mit der Ironie auch ein Stück Herablassung zum Ausdruck bringt. Wer so etwas zu hören bekommt, dürfte seinerseits *koi' kloine Wuat* haben.

Neben diesen ihm eigenen Ausdrucksmitteln verfügt das Schwäbische auch über die grammatikalischen Steigerungsstufen, wie sie in der Hochsprache gebräuchlich sind: *stärker, am stärkschda; scheener, am schensta.* Allerdings finden wir die Umlaute häufig an anderer Stelle als in der Hochsprache: die Kinder sind *bräver,* die Patienten *kränker,* die Schüler *fäuler* und die Kühe *mägerer* –, und einige Wörter lassen sich im Schwäbischen ohne weiteres regelmäßig steigern, die sich in der Hochsprache dagegen sträuben, so daß man ungeniert sagen kann: *»I dät gerner a bißle bälder komma«. »Wenn des meeglich wär, wär's mir wöhler!«* Andererseits werfen wir Schwaben bei aller Freude an der Übertreibung nicht einfach so um uns mit höchsten Steigerungsstufen: Auf dem Wochenmarkt wird man von keiner Marktfrau hören *»schenste Erdbeer!«,* sondern *»arg scheene Breschdleng!«*

So reichhaltig die Ausdrucksmittel des Schwäbischen auf dem Gebiet der Steigerung sind – am vergnüglichsten, weil am anschaulichsten, sind die bildkräftigen Zusammensetzungen: Ob man *krottabroit* (krötenbreit) oder *britschabroit* (breit wie eine Wagenpritsche) oder bloß *broitdatschet* (breitgedrückt) dasitzt, ist von der Sache her kaum ein Unterschied, aber von den Assoziationen, die bei solchen Ausdrücken jeweils mitschwingen. Die steigernden Zusätze sind meist vielfältig, aber nicht beliebig kombinierbar. Wenn *a blitzgscheids Mädle a bodaguats Zeignis* nach Hause bringt oder ein Mannequin in einem *hondsgweenlicha Bada'zug* am Strand erscheint, wo es *granadahoiß* ist; wenn dort *stenknormale Leit* zueinander *scheißfreindlich* sind, dann lassen sich die steigernden Zusätze kaum gegeneinander austauschen.

Die steigernden Ausdrucksmittel des Schwäbischen sind damit immer noch nicht erschöpft. Um dem Eigenschaftswort noch mehr Gewicht zu geben, kann man nämlich noch nähere Bestimmungen voranstellen, so daß man *ama ganz granadamäßig hoißa Middag* ein *saumäßig guats Eis* in einem leider *donderschlächdig deira* (teuren) Lokal essen und sich *millionisch* darüber ärgern kann – so etwas wäre *meh wia schad!*

Mit anderen Worten…

Jedem bekannt, anders benannt.
Wandel im alltäglichen Wortschatz.
Von mißverständlichen Wörtern.
Schwäbische Ironie.
Füllwörter und wozu sie gut sind.

Was hauseschd?

Dieser Zuruf gehörte früher zu den zahlreichen Grußformeln, die Bezug nehmen auf die Tätigkeit des Angesprochenen. Denn im Schwäbischen wurde und wird *hausa* (hausen) sehr häufig positiv in der Bedeutung »wirtschaften, haushalten« benützt. Das Gegenteil des »guten Hausens« wird vom Volksmund drastisch in der ironischen Redensart vor Augen gestellt: *»Bei deane herrscht Ordnong, dò stecket dr Kamm em Butter ond dr Nachthafa word mit em Brotloib zuadeckt!«*

Man kann sagen: *Dia hauset guat mitnander,* womit man meint, daß sie tüchtig und sparsam sind. Das Gegenteil ist *aushausig* (verschwenderisch). Deshalb achteten früher nicht nur die katholischen Pfarrer darauf, daß *d Hausere* (die Pfarrhaushälterin) ihre Sache verstand, sondern es war das Bestreben jedes heiratslustigen jungen Mannes, eine Frau zu bekommen, die zu hausen verstand, eingedenk der Warnung: *»S Weib ka' meh mit em Schurz naustraga wia dr Ma' mit em Waga rei'führa!«* Auf städtische Verhältnisse übertragen und positiv ausgedrückt sagt dasselbe das Sprichwort: *»A hausigs Weib isch de beschd Sparkass!«*

Heute ist es mit der Verteilung der Verantwortung nicht mehr so einfach, seit so viele es vorziehen, das zu tun, was man im Allgäu *bairisch* oder *beemisch* (böhmisch) *hausa* nennt – nämlich »ohne Trauschein zusammenzuleben«. Aber nicht nur die Lebensformen haben sich verändert, auch der »Arbeitsplatz Haushalt« hat tiefgehende Wandlungen durchgemacht. So ist hier, ebenso wie in der Landwirtschaft und im Handwerk, mit den alten Arbeitsvorgängen und Geräten vieles an mundartlichem Wortschatz verschwunden. Das Verschwundene wollen wir aber in diesem Fall dem Heimatmuseum überlassen und statt dessen einen Blick auf Haushaltsgegenstände werfen, die man auch heute noch fast überall finden kann. Dabei können wir zwei Beobachtungen machen: Wörter überleben manchmal den Gegenstand, den sie benennen – und auf der anderen Seite schwindet gegenwärtig der mundartliche Wortschatz sehr schnell auch dort, wo die Sachen geblieben sind.

Für die erste Feststellung kann als Beispiel der *Spüalstoi'* oder *Schüttstoi'* stehen (auch *Ablauf, Ausguß* oder *Guß* genannt), der von vielen Schwaben noch lange so bezeichnet wurde, als Edelstahl oder Email den Kunststein längst verdrängt hatten.

Heute macht die handliche und modische Kurzform »Spüle« den schwäbischen Wörtern erfolgreich Konkurrenz. Auch die Wörter *Bloamahafa, Straußhafa, Stockhafa, Stockscherba* für »Blumentopf« erinnern noch im Zeitalter der Plastiktöpfe an die ursprüngliche irdene Ware.

Insbesondere in der Küche stoßen wir auch heute noch auf allerlei Gegenstände, für die dem Schwaben die mundartlichen Bezeichnungen von klein auf so selbstverständlich sind, daß ihm meistens erst irgendwann einmal beim Einkaufen plötzlich bewußt wird, daß sein Sprachgebrauch nicht der allgemein übliche ist.

Das fängt mit dem *Hafa* an, der im Schwäbischen sowohl ein *irdener* (oder aus anderem Material gefertigter) *Milchhafa* als auch ein *Kochhafa* sein kann – obwohl dieser seit langem nicht mehr vom Häfner, dem »Töpfer«, hergestellt wird. Auch beim *Nachthafa* spielt das Material für die Verwendung der mundartlichen Bezeichnung keine Rolle. Wenn man zu jemand sagt: *»O Kerle, du hòsch doch noh da Hafareng* (den Abdruck des Töpfchens!) *am Hentera!«,* dann soll das drastisch zum Ausdruck bringen, daß man den Betreffenden in dem jeweiligen Zusammenhang für zu jung hält.

Neben den verschiedenen *Häfen* gehört zu einer schwäbischen Küche auch die *Kachel* (Schmortopf, Schmorpfanne), vor allem als *Bròteskachel* für den Sonntagsbraten. Die im Vergleich mit dem *Kochhafa* ausladend breite

Form der *Kachel* hat dazu geführt, daß man den Ausdruck auch für entsprechend geformte Frauen verwendet hat. Wenn wir den Weg vom Herd zum Küchentisch machen, dann erscheint merkwürdig, daß der Schwabe seinen Kaffee zwar aus der *Tass* trinkt, (das entsprechend große irdene oder emaillierte Gefäß wurde früher allerdings als *Kaffeehafa* bezeichnet), daß er diese aber auf einen *Ondersetzer* (Untertasse) stellt. Soweit er die Milch noch direkt vom Bauern holt, braucht er auch noch einen *Seiher,* ein Sieb.

Als es noch keine elektrischen Küchengeräte gab, mußte man noch alles – von der Kaffeemühle bis zum Fleischwolf – von Hand antreiben, aber nicht etwa mit einer »Kurbel«, sondern mit einem *Triebel,* und wenn man dabei für eine ganze Familie zu sorgen hatte, mußte man *triebla wia narret.* Die Läufer und Teppiche mußte man vor der Staubsaugerzeit im Freien mit dem *Batscher,* dem »Teppichklopfer« bearbeiten, der dem Vernehmen nach gelegentlich auch zur Kindererziehung verwendet wurde. Noch nicht völlig verschwunden ist seine verkleinerte Ausgabe, der *Muckabatscher* oder *Fluigabätscher,* dessen hochsprachliche Bezeichnung »Fliegenklatsche« oder »Fliegenklappe« sich, was die lautmalende Wirkung angeht, mit dem schwäbischen Wort nicht messen kann.

In der Folklore ebenfalls als »Kampfinstrument« geschwungen, in Wirklichkeit aber vor allem vor Weihnachten für die höchst friedliche Tätigkeit des *Brötlebachens* benötigt wird das *Wellholz* oder *Wärgelholz/Wargelholz,* das man in der Hochsprache als »Teigrolle« oder »Nudelholz« kennt. Eine gewisse einschüchternde Wirkung scheint ihm aber doch zuzukommen, wie die Redensart zeigt, mit der man einer nicht ganz überzeugenden Sache zustimmt: *»Des isch äwwel noh besser wia a Wellholz uf d Nas!«*

Auch im schwäbischen Haushalt stand im Mittelpunkt das Brot. Wie anderswo war und ist vor allem der »Anschnitt« begehrt, was die zärtlichen Ausdrücke *Kneisle, Giggele, Raiftle/Renftle, Renggele, Riebele* erkennen lassen. Als *Riebele* wird allerdings meistens das Endstück bezeichnet, vermutlich, weil man diese Stückchen oft aufbewahrte, um sie zu reiben, zum Beispiel für die *Riebelessupp.* Eine dicke Scheibe Brot heißt auf schwäbisch *Ranka.* Diesen wünschte man sich möglichst *oimòl' om da Loib rom.* Ansonsten durfte es auch einfach ein großes Stück – ein *Mockel, Brocka, Bröckel,* ein *Riebel* oder halt einfach ein *Stuck Brot* sein. Schlimm war es, wenn einmal *koi' Möckele Brot* im

Loible, du muasch Riebele hoißa, Riebele, du muasch g'fressa sei'!

Haus war. Da wäre man sogar an einem *Ra'ft*, einer »Brotrinde« froh gewesen. Die Schulkinder bekommen bis heute ein *Vesperbrot* oder einfach ein *Vesper* mit in die Schule.

> Neulich wurde ich im Oberland Zeuge, wie ein neu zugezogenes Mädchen sich nach der Pause bei ihrem Lehrer heftig über eine Mitschülerin beschwerte: »Ich sagte zu Anja: ›Ich habe meine Schnitten zu Hause vergessen.‹ Und dann sagte die zu mir: ›Ich versteh dich nicht!‹ Und dann hab' ich's nochmal gesagt, und dann hat sie immer noch gesagt: ›Ich versteh dich nicht.‹! Warum ist sie so zu mir?«

Wir wissen es. Was von diesem Mädchen als Abweisung empfunden wird, ist ein schlichtes Verständigungsproblem – aber wir sehen an diesem Beispiel, daß auch im heutigen Alltag das Schwäbische nicht einfach eine Frage der Lautfärbung ist. Eine vergleichbare Erfahrung finden wir auch in der kleinen Anekdote, die Gerhard Widmann mitteilt:

> Eine Kusine aus dem Rheinland ist in Ferien im Schwäbischen. Mit dem Bäsle spielt sie im Sandkasten. Sie fragt: »Kann ich mal das Schippchen haben?« Keine Reaktion beim Bäsle. Noch zweimal wiederholt sich das. Dann ergreift die Kusine kurz entschlossen das Schippchen. Worauf das Bäsle nur sagt: *»Hättscht Schäufele gsagt!«*

Wir dürfen den schwäbischen Haushalt nicht verlassen, ohne dem Putzen wenigstens ein paar Zeilen gewidmet zu haben, auch wenn wir uns über das Thema »Kehrwoche« nicht auslassen wollen (das 1988 immerhin offiziell den Stuttgarter Gemeinderat beschäftigt hat). Daß man zum *Butza* mindestens einen *Butzoimer* und einen *Butzlompa* braucht, ist klar. Dieser war ursprünglich etwas ganz anderes als ein »Scheuerlappen«, wie er heute zu kaufen ist: nämlich die Endstation für wieder und wieder geflickte und aufgetragene Textilien. Das läßt sich aus der Redensart ersehen: *»Des hòt s vrrissa zo Butzlompa«* – womit gemeint ist, daß bei einer Explosion oder auch einem kleineren Knall nichts irgendwie Verwertbares mehr übrig blieb.

Hilfreich ist beim Putzen außerdem ein *Strupfer,* die »Schrubberbürste« und ein *Blocker* zum *Blocken* »Bohnern« der gewachsten Böden. Das »Scheuern« wird ursprünglich in weiten Teilen des Schwäbischen mit dem Wort *feaga* bezeichnet, das auch das Reinigen von Kannen und Pfannen einschließt. Die Handhabung des Besens heißt dagegen überwiegend *kehra,* weshalb auch der »kleine Handbesen« folgerichtig *Kehrwisch/Kairwisch* genannt wird. Ihm gesellt sich die *Kutterschaufel,* da und dort auch als *Scheifele* bekannt. Mit ihr befördert man den Kehricht in den *Kutteroimer,* der heute fast überall zum *Mülloimer* geworden ist, wie auch in der Stadt die »Mülltonne« das *Kutterfaß* ersetzt hat. Im *Kutteroimer* landete auch das *Gschnipf* oder *Betzich,* das »Ausgeschnittene«, die »Schnipsel« – etwa die *Schälfa, Schälfeza* oder *Schälzema* von Kartoffeln und Zwiebeln, ferner das, was anfällt, wenn man *Bohna gipflet* (die Enden abschneidet) oder bei Äpfel und Birnen *da Butza rausmacht* (das Kernhaus entfernt).

Strupfer,
Batscher,
Kehrwisch

Nehmen wir zum Schluß noch die *Türaschnall* (Türklinke) in die Hand, um einen Blick ins Schlafzimmer – früher die *Kaamer* – zu werfen! Dort steht die *Bettlad/Bettstatt/Bettschet,* das »Bettgestell« mit dem Bettzeug darin, für das man *Bettwäsch* braucht, nämlich ein *Lei'tuach* (Bettuch), das an der *Kopfnet* und der *Fuaßnet,* dem »Kopf- und Fußende« fest eingesteckt werden muß. Außerdem eine *Ziach* (Bezug für das Oberbett), einen *Haipfel* (von Haupt-Pfühl) »Bezug für das Kopfkissen« und »Kopfkissen« und einen *Deppich* (Wolldecke), der bei Nichtschwaben oft Verwirrung stiftet, die nicht verstehen können, daß Schwaben sich mit einem »Teppich« zudecken!

Gelegentlich kann man auch noch *Bettkittel* für »Nachthemd« hören, und für die *Bettfläsch* muß auch in der Hochsprache nicht unbedingt »Wärmflasche« gesagt werden.

Diese Auswahl mag genügen, um zu zeigen, wie stark ursprünglich auch noch im städtischen Umfeld der Bereich des Haushalts mundartlich geprägt war. Heute erleben wir gerade auf diesem Gebiet einen raschen Schwund der alten Wörter. Das hängt zum einen damit zusammen, daß die vielen »sprachlichen Mischehen« natürlich gerade auf dem Gebiet, über das man sich laufend verständigen muß, zum Sprachausgleich führen. Viel stärker fällt aber noch ins Gewicht, daß heute beim Einkauf weitgehend nach Auszeichnung und Warenaufdruck gekauft wird, während das Verkaufsgespräch im Haushaltsbereich in vielen Sparten kaum mehr eine Rolle spielt. So prägen sich zwangsläufig mehr und mehr die hochsprachlichen Wörter ein, die ja auch von der Werbung fortlaufend in Erinnerung gebracht werden. Daß sich die Mundart diese Wörter zum Teil wieder lautlich aneignet und in Einzelfällen sogar handliche Neuprägungen für schwerfällige Gerätebezeichnungen findet, wie *Gfriere* für »Tiefkühltruhe«, erleichtert die Entwicklung hin zu einem hochsprachnäheren Wortschatz sogar.

A Maulvoll Essig

mueß halt na' ond a Maulvoll Öl, sagte jene Wirtin etwas unwirsch zu dem neugierigen Gast, der sie nach dem Geheimnis ihres besonders wohlschmekkenden Kartoffelsalats gefragt hatte, worauf der Gast – ein »Reingeschmeckter« – inskünftig davon absah, sich diese Spezialität zu bestellen. Dabei hätte er die Aussage der Wirtin gar nicht so wörtlich nehmen müssen. *A Maulvoll* (oder auch *a Goschvoll)* ist im Schwäbischen einfach ein Maß für »eine kleine Menge«.

»Nemmsch halt a Maulvoll!« sagt die Köchin, die man um ein *»Versucherle«* bittet. *»Dees isch jò noh kaum a Maulvoll!«* konnte man als Kind hören, wenn man beim Beerensammeln im Wald zum erstenmal stolz sein Becherle vorwies, dessen Inhalt deutlich von den extremen Füllmengen *a Bodadecke* und mit *ema Schocha druf* oder *gschochet vool* (gehäuft voll) entfernt war. Der verallgemeinerte Gebrauch geht so weit, daß man z.B. bei Zimmerleuten hören kann, ein Balken müsse noch *a Maulvoll* weiter nach links oder rechts. Daß solche Angaben je nach Situation unterschiedlich auszulegen sind, ist jedem bewußt. So prägte der Volksmund das Sprichwort: *»Bei de Zemmerleit isch a Hòòr a Zoll!«,* das sinngemäß etwa dasselbe sagen will wie »Andere Länder, andere Sitten«.

Den körperlichen Zugriff als praktisches Maß finden wir auch bei der *Hampfel* (eine Handvoll) und der *Arpfel/Arfel* (ein Arm voll): *a Hampfel Kleie, an Arfel Holz; hampflaweise* wirft man beim Fastnachtsumzug die Bonbons unter die Leute (aber nicht so häufig wie in Köln). Die abgeschliffene Lautform dieser Wörter ist ein Indiz für den ständigen Gebrauch.

Da natürlich auch ein Schwabe manches mit Fingerspitzengefühl macht, und vor allem die Köchinnen mit feinen Mengen arbeiten, gibt es auch die Ausdrücke *a Däble/Daible* für das, was man mit geschlossenen Fingerspitzen greift, also zum Beispiel Salz. Das Wort ist die Verkleinerung von *Dòp* (Pfote, Hand, Finger). Fast gleichbedeutend ist *Sprätle/Spraitle* (Menge, die man mit zwei oder drei Fingern fassen kann). Die alten Körpermaße *Fuaß, Schuah, Klafter* sind in der Mundart wie in der Hochsprache nach Einführung des

A Kochet Bohna

Metermaßes verschwunden. Zu hören ist dagegen noch ein merkwürdiger Ausdruck, der ebenfalls in diesen Zusammenhang gehört: *»Oh, bei o's uf dr Alb isch es halt äwwel an Kittel kälter«* (immer um einiges kälter).

Neben dem Körpermaß bestimmt die praktische Tätigkeit, was als gängige Menge anzusehen ist. *A Traget Holz, a Kochet Bohna, a Beiget Holz, a Bachet, a Flicket* ist das, was in einem Arbeitsgang »getragen«, »gekocht«, »aufgeschichtet«, »gebacken«, »geflickt« werden kann. Von der Tätigkeit abgeleitet sind auch Mengenbezeichnungen auf *-er* wie *Spritzer* oder *Schugger:* An eine Soße muß *an Schugger Wei' na',* das heißt die Menge, die beim *Schugga,* dem »einmaligen kurzen Anstoßen« aus der Flasche kommt. Was *an Schwenker* Milch ist, richtet sich in der Größenordnung ganz nach dem Gefäß, aus dem ausgeschenkt wird – Glas, Topf oder Kanne. Ausschlaggebend ist auch hier die einmalige schwingende Bewegung. In die gleiche Reihe gehört auch der *Sprenzer/Spre'zer* Wasser, den die Blumenfreundin morgens ihren Topfpflanzen mit der *Spre'zkann,* der »Gießkanne« verabreicht. Dieses Wort wird häufig auch im übertragenen Sinn für einen kurzen und schwachen Regen verwendet: *»Schao de ganz Woch hòt s koin gotziga Sprenzer dao«* (kein einziges Mal geregnet).

Die genannten Wortbildungen zeigen die Ausrichtung der Mundart auf das Hier und Jetzt, auf die praktische Tätigkeit. Selbstverständlich benutzte man aber auch in schwäbischen Gegenden genaue Maße für Handel und Gewerbe. Von der Vielfalt der Maßeinheiten und ihrer Bezeichnungen haben sich im heutigen Sprachgebrauch nur noch wenige Spuren erhalten. Wenn man von jemandem sagt, er habe *an Kopf wia an Semre,* dann ist das Übertreibende an dieser Redensart wohl noch bewußt, aber kaum mehr, daß das »Simri« ein in Württemberg bis 1871 geltendes Hohlmaß für feste Ware (Früchte, Kartoffeln etc.) von 0,443 Hektoliter war.

Auch bei der gängigen Längenangabe *ellalang/ehlalang* denkt man kaum mehr an das alte Längenmaß der Elle, wie man an Äußerungen wie *an ellalanger Zug* (Eisenbahnzug, Festzug) sehen kann. Vermutlich ist bei dem heutigen Gebrauch des Wortes eine Vermischung mit der steigernden Fügung *elend lang* (vergleichbar *arg lang*) erfolgt.

Das einzige alte Maß, das sich im lebendigen Sprachgebrauch bis heute erhalten hat, ist der *Schobba* (Schoppen) als Bezeichnung für einen halben Liter. Allerdings setzt ihm inzwischen die *Halbe* als Konkurrenz zumindest beim Bier schon stark zu. Solange freilich die schwäbischen Säuglinge ihre Milch noch aus dem *Schobba* (der heute nur einen halben Schoppen faßt und in manchen Gegenden auch *Buudl* heißt) statt aus dem »Fläschchen« oder der »Babyflasche« bekommen, wird man auch den Alten ihren *Schobba Wei'* lassen, zumal er ganz gut zum *Vierleng Wuurschd* als Vespermaß paßt – der Bezeichnung für ein Viertel jenes Pfundes, an dem die Schwaben bisher noch festhalten trotz der zunehmend erfolgreicheren Bemühungen, ihnen das europäische Kilo geläufig zu machen. Daß der *Schobba* ein weises Maß ist, vor allem, wenn man dabei bleibt, zeigt auch ein alter Fasnetsspruch aus Haigerloch:

Älleweil send dia Bäuerle b'soffa,
älleweil send se duudlad vool!
Wemmer s hoaßt a Schöbble trenka,
saufet se glei a Kübele vool!

Wia Zeit isch?

Eine der schönsten Schwaben-Geschichten verdanken wir Johann Peter Hebel (dem nämlichen, der mit seinen »Alemannischen Gedichten« von 1803 den Alemannen zu einem eigenen Selbstbewußtsein und damit zur allmählichen Abgrenzung gegen die Schwaben verholfen hat). Was auf den ersten Blick aussieht wie eine der zahllosen Geschichten, die sich über die Naivität und Biederkeit der Schwaben lustig machen, ist in Wahrheit eine sehr bedenkenswerte Beispielgeschichte. Denn wie wäre in einer Welt zu leben, die sich nicht von Mißtrauen und Feindbildern bestimmen ließe, sondern in der auch im »Feind« ganz selbstverständlich der Nachbar gesehen werden könnte – so wie unser guter Schwabe in der Geschichte eben annimmt, daß sein französisches Gegenüber genauso gelangweilt und sehnsüchtig auf die Ablösung wartet wie er selbst.

Mißverstand
Im neunziger Krieg, als der Rhein auf jener Seite von französischen Schildwachen, auf dieser Seite von schwäbischen Kreissoldaten besetzt war, rief ein Franzose zum Zeitvertreib zu der deutschen Schildwache herüber: »Filu! Filu!« Das heißt auf gut deutsch: Spitzbube. Allein der ehrliche Schwabe dachte an nichts Arges, sondern meinte, der Franzose frage: »Wieviel Uhr?« und gab gutmütig zur Antwort: *»Halber vieri«.*

Carl Spitzweg (1808–1885): »Die gähnende Schildwache«

Hebel hat mit dieser Geschichte nicht nur dem gutmütigen Schwaben ein Denkmal gesetzt (den jähzornigen soll es ja auch geben), sondern auch die »schwäbische Uhrzeit« verewigt, deren Eigenarten die Alemannen im übrigen mit uns teilen. Bis heute erweist es sich für Schwaben als ratsam, wenn sie sich mit Nichtschwaben verabreden wollen, zweimal nachzudenken und sich hinterher die Uhrzeit noch einmal bestätigen zu lassen – denn daß unser *viertel oi's* »ein Viertel nach zwölf« ist und *dreiviertel viere* »ein Viertel vor Vier«, haben noch nicht einmal alle gutwilligen Nichtschwaben wirklich begriffen, ganz zu schweigen von den Feinheiten, daß »zwanzig vor Vier« *fenf vor dreiviertel viere* ist, oder *zeha nòch halber,* wie man will. Hinter dieser eigenartigen Weise, die Uhrzeit anzugeben, steht eine Vorstellung, die eine Zigerumdrehung als Ganzes sieht und bei der Zeitangabe sozusagen der Zeigerbewegung folgt.

Im Kindergarten brachte man uns das Lesen der Uhr noch mit dem Kinderreim bei:

Viertel, Halber, Dreiviertel, Ganz,
Ührle, Ührle, dreh dein Schwanz!

Das ist im Zeitalter der Digitaluhren für die heutigen Kinder schon gar nicht mehr so plausibel. Nur von dieser Vorstellung aus sind aber Wendungen ganz verständlich wie *s hòt noh net Ganz g'schlaga* (die volle Stunde) oder *s isch glei' voll Halber* (gleich halb).

Auffällig sind außerdem die Endungen bei *halber* und *viere,* die in unserer Geschichte vorkommen. Beides sind alte Beugungsformen, die sich in der Mundart erhalten haben. Das *-e* ist kein abgeschliffenes »Uhr« , wie man vermuten könnte, wenn man weiß, wie die Mundart sonst schleift und kürzt. Es handelt sich vielmehr um eine Mehrzahlendung, die immer dann steht, wenn dem Zahlwort kein Hauptwort folgt. Wir kennen sie auch in der Hochsprache noch aus altertümelnden Erzählungen: »Da kamen ihrer Fünfe die Treppe herauf...« oder aus Wendungen wie »alle Neune« oder »alle Viere von sich strecken«. Da im Schwäbischen »Uhr« immer weggelassen wird, entspricht das *-e* also der alten Regel. So heißt es dann in einem Sprüchlein, das früher als eine Art gereimter Lebensregel weitergegeben wurde:

Achde – en s Bett mach de!
Naene – en s Bett eine!
Zehne – em Bett bene.

Häufig wird im Schwäbischen der Artikel vorangestellt: *s gòht uf de Zehne* (gegen zehn Uhr); er kommt *om de Zehne* (etwa um zehn Uhr) – während der genaue Zeitpunkt »um zehn Uhr« mit *om/am Zehne* angegeben wird. Eduard Mörike hat diese mundartliche Eigenheit in seinem Gedicht »Elfenlied« zu einem reizenden Wortspiel benützt:

's isch Halber!

Bei Nacht im Dorf der Wächter rief: »Elfe!«
Ein ganz kleines Elfchen im Walde schlief – Wohl um die Elfe! –
Und meint, es rief ihm aus dem Tal
Bei seinem Namen die Nachtigall,
Oder Silpelit hätt' ihm gerufen.

(Auch mit *ihm* bei »rufen« lehnt sich Mörike hier an die Mundart an.)

Theodor Schüz: »Mittagsgebet bei der Ernte« (1861)

Fragt man auf schwäbisch nach der Uhrzeit, dann verwendet man *Wia Zeit isch?* oder *Wia spòt hemmer-s?*, wenn man sich nicht schon an den hochsprachlichen Gebrauch anlehnt. Wichtiger als die Uhrzeit war früher die Tageseinteilung nach den Mahlzeiten – in der Regel *Morgaessa, Neunebrot* oder *Neuneessa, Mittagessa, Vesper* oder *Obedessa* und *Nachtessa.* So ist »Vormittag« *vor em Middagessa,* und alles danach ist *dr Middag,* bis es gleitend in den *Obed* übergeht, der mit der »Dämmerung« *zwischa Dag-ond-siehsch-me-net* der Nacht weicht. Die Redensart: *»Kommet halt nòch em Vesper, nò kennet-r bis zom Nachtessa wieder drhoim sei'!«,* die meistens zitiert wird, wenn man schlitzohrige schwäbische Sparsamkeit charakterisieren will, ist auf jeden Fall ein anschauliches Beispiel für die Zeiteinteilung anhand der Mahlzeiten, die auf dem Dorf durch entsprechendes Glockenläuten angezeigt wurde und vielfach noch wird. Vor allem *s Obedläuta / Avemärgaläuta* (Ave-Maria-Läuten) / *d Betglock* spielte eine besondere Rolle, weil danach die Kinder im Haus und möglichst im Bett sein sollten – andernfalls drohte man mit *Nachtkrabb / Nachtmahr / Nachtschombeler / Schombeler / Boggaraole / Boggaraub.*

Heute zum großen Teil schon vergessen sind die schwäbischen Ausdrücke *nächd / nächdig* (heute nacht, gestern abend – im Süden auch: gestern) und entsprechend *vornächd* (vorgestern), ebenso *z òbed* (heute abend). Dagegen hört man noch *mor(n)amorga / mannamorga / morlamorla* für »morgen früh«.

Onderdags wird für »tagsüber« gebraucht, *onder dr Woch* für »während der Woche, werktags«, und »dieser Tage, neulich« heißt *dia Däg,* das auch »in den nächsten Tagen« bedeuten kann, zum Beispiel, wenn ein Handwerker verspricht, *dia Däg well-er-s macha.* Ein Elektriker in einer ehemaligen Amtsstadt heißt heute noch *Zwocha-Karle,* weil er den Leuten in Aussicht stellt, er komme *z wocha* (nächste Woche), und wohl aus gleichem Grund hieß in einer anderern Stadt ein Flaschner *Vierzehdag-Fläschner.* Denn auch früher gab es schon Leute, bei denen man ständig *I hao net dr Weil* (Ich habe keine Zeit, keine Muße) hören mußte, und seit jeher war es eine beliebte Gesprächseinleitung hierzulande, zu sagen: *»I will me net lang aufhalta ...«,* was meistens nicht als Versprechen gemeint ist, sondern eher als Entschuldigung dafür, daß man den anderen überhaupt belästigt. Als Zeitangabe verläßlicher und anschaulicher ist da: *»I komm bloß uf a halbs Bäckle«* – was man wohl nicht erläutern muß.

Jetz tapfer, spreng!

Wir haben in vielen Kapiteln dieses Buches schon gesehen, daß die Schwaben eben ihre eigenen Wörter, ihre eigene Ausdrucksweise haben, was zwangsläufig da und dort zu Verständigungsschwierigkeiten führen kann. Sie treiben aber den Eigensinn noch weiter. In vielen Fällen benutzen sie nämlich die Wörter der Hochsprache, aber in einer ganz eigenen Bedeutung. Und da wird es wirklich schwierig. Es kann dann vorkommen, daß man sich falsch versteht und es nicht einmal merkt – denn jeder nimmt selbstverständlich an, daß einer, der das gleiche Wort benützt, auch das gleiche damit meint.

Jeder Schwabe kennt für diesen Sachverhalt wenigstens einige Beispiele, so daß ihm das Problem als solches nicht ganz unbekannt ist. Am bekanntesten ist die oft zitierte Reihe: Wenn *dr Schwòb lauft,* dann »geht« er, wenn er *sprengt,* dann »läuft« er, und wenn er *hopst* oder *juckt,* dann »springt« er. Kopfschüttelnd hört eine neu zugezogene Mutter vor dem Kindergarten, wie eine schwäbische Oma ihren Enkel verabschiedet mit den Worten: *»Jetz tapfer, spreng!«* Dabei ist das keineswegs eine Ermutigung, »tapfer ins kalte Wasser zu springen«, sondern die Oma wollte nur sagen: »Lauf' schnell!«

Bekannt sind auch die Schwierigkeiten mit *heba* und *lupfa,* die der folgende Witz anschaulich vor Augen stellt:

In der Tübinger Unterstadt entschließt sich der alte Maier, endlich wieder einmal die Dachrinne seines Hauses auszuputzen. Er holt eine Leiter, legt sie an und steigt hinauf, wobei ihm von Sprosse zu Sprosse deutlicher wird, daß er sich da auf eine wacklige und unsichere Angelegenheit eingelassen hat. In diesem Augenblick tritt wie gerufen das *»Herrle«*, sein studentischer Untermieter, aus der Haustür. *»Komm, heb au' mòl dia Loiter!«*, ruft er diesem zu. Der Student, sehr hilfsbereit, aber eben ein Norddeutscher, ist sofort zur Stelle, hebt mit einem Ruck die Leiter an – und der alte Maier fällt prompt herunter. Zum Glück hat es ihm nichts getan. So rappelt er sich wieder auf und schnauzt dann den Studenten vorwurfsvoll an: *»Heba sollesch, hao-n-e gsaet, net lupfa!«*

Sehr anschaulich wird der feine Bedeutungsunterschied auch, wenn bei windigem Wetter ein schwäbisches Mädchen seinen Rock *hebt,* damit der Wind ihn nicht *lupft.* Wenn ein Bewunderer von ihr sagt, sie sei *a fests Mensch* und habe *saubere Fiaß,* dann heißt das auch nichts weiter als: Sie ist ein »gut gebautes, strammes Mädchen« mit »attraktiven Beinen«. Man tut also gut daran, lieber zweimal nachzudenken und im Zweifelsfall besser zu fragen, wie es denn gemeint sei, bevor man eine in aller Unschuld getane Äußerung eines Schwaben krumm nimmt. Selbst wenn ein Büble seiner Großmutter zuruft: *»Oma, sau!«,* ist dies keine Beschimpfung, sondern nur die dringliche Aufforderung, sich so schnell wie möglich an einen anderen Ort zu begeben. So vorgewarnt, kann man sich das folgende Sprachspiel von Peter Schlack auf der Zunge zergehen lassen:

familiade

babba sau	*babba sausch*
mamma sau	*mamma sausch*
bua sau	*bua sausch*
se sauadd	*se sauadd*
ond wia	*bloos weils*
	brässiird
	oe
	sauorei
	so a
	sauorei

Daß im übrigen ein schwäbischer *Bua* kein »Bube« ist, hat sich herumgesprochen. Wenn man einen solchen meint, sagt man in der Mundart klar und deutlich *Spitzbua.* Und auch da ist es wieder typisch für das schwäbische Bedürfnis, Gegensätze zu versöhnen, daß mit *Spitzbuaba* auch wohlschmekkende *Weihnachtsbrötla* einer bestimmten Sorte bezeichnet werden. Wieviel liebevolle Güte läßt sich schließlich in ein verzeihendes *»Bischd halt an Spitzbua!«* legen!

Allerdings muß es nicht immer zu einem versöhnlichen Ende kommen. *Stroich* sind im Schwäbischen nämlich nicht nur »Streiche« sondern auch die möglichen erzieherischen Konsequenzen: »Schläge« oder »Hiebe«. So ist die Ankündigung: *»Komm du no hoim! Heit gibt's Stroich!«* keine erfreuliche Einladung zu guter Unterhaltung, sondern eine sehr handfeste Drohung. »Einen Streich spielen« heißt auf schwäbisch im übrigen *an Duck do, äbbes a'stella* oder *bosga.* Sagt man zu jemand: *»Des hòsch au' grad mit Fleiß do!«,* dann will

man nicht etwa seinen Eifer loben, sondern man stellt fest, daß der Betreffende etwas mit (böser) Absicht getan hat, um einen zu ärgern, sozusagen *grad zom Possa!*

Der reuige Übeltäter kann auf schwäbisch bekunden: *»S isch mr arg!«* Das heißt soviel wie »es tut mir leid«. Da *arg* außerdem im Schwäbischen auch die steigernde Bedeutung von »sehr« hat, kann man sogar sagen: *»S isch mr ganz arg arg!«* Auch echte Anteilnahme läßt sich mit diesem Wort ausdrücken: *»Jetz dees isch mr aber arg!«* sagte die Nachbarin, als sie erfuhr, daß eine gemeinsame Bekannte plötzlich ins Krankenhaus gekommen war.

Damit sind wir aber mit den Eigenarten des schwäbischen Wortgebrauchs noch längst nicht am Ende. So haben die Bäume im Frühling nicht »Knospen«, sondern *Knöpf,* und die Blüten »duften« nicht, sondern *schmeckat guat.* Das Obst ist im Herbst auch nicht »reif«, sondern *zeitig.* Wenn man dann beim Spazierengehen einen Apfel aufliest und *en Sack steckt,* dann heißt das nicht, daß man sich wohlausgerüstet auf einer Hamstertour befindet, sondern man hat nur »zum alsbaldigen Verzehr« die »Hosentasche« gefüllt. Wurde einst nach dem Heimtransport der Obstkisten vom *Güatle* berichtet: *»Da Buckel nuff hemmer schwer schalta müessa!«,* dann war man nicht etwa mit dem Lastwagen unterwegs und hatte Probleme mit der Schaltung, sondern man hatte den Handwagen dabei und mußte »den Berg hinauf kräftig schieben«!

Und noch eins: Wissen Sie, was ein *blöder Ärmel* ist? So bezeichnet man im Schwäbischen einen Ärmel, bei dem der Ellbogen »durchgescheuert« ist. Das kann man natürlich auch im landläufigen Sinn »blöd« finden. Wenn man von jemand sagt, er sei ein *lahmer Siach,* dann denkt man nicht an Krücken oder gar an das Siechen-Spital alter Zeiten, sondern man sagt damit nur – mit leichter Übertreibung –, daß der Gemeinte »sehr langsam« ist. Und mancher, der ungeduldig auf so jemand *paßt* (wartet), wird nach einiger Zeit ganz *falsch,* das heißt »ärgerlich«, »zornig«.

Wenn jemand sagt, er sei *wirklich krank,* dann ist das nicht in jedem Fall als Beteuerung gegenüber möglichen Zweiflern gemeint. Vielmehr kann man im Schwäbischen auf diese Weise auch ausdrücken, daß man »gegenwärtig«, »im Augenblick« leider krank sei. In diesem Sinne heißt auch ein ablehnendes: *»I han wirklich arg viel Gschäft!«* oft soviel wie: »In einiger Zeit können wir auf die Sache zurückkommen!« Da soll sich einer mit den Schwaben auskennen!

Aber die Schwaben selber haben es ja auch schwer mit solchen Wörtern, die in der Hochsprache anderes bedeuten als in der Mundart. Meine erste einschlägige Erfahrung machte ich als Drittkläßler in der Grundschule:

> An einem Morgen im Advent kam der Rektor in die Klasse und sagte: »Ich suche drei kleine Jungen für die Bühne.« Ich meldete mich sofort, denn die Aussicht, den Vormittag statt auf der Schulbank auf dem Dachboden

verbringen zu können, beflügelte mich. Auch hatte ich mir rasch zurechtgelegt, weshalb gerade kleine Jungen benötigt wurden – gab es doch sicher auf dem Dachboden der alten Schule enge Winkel und niedere Schrägen! Wie enttäuscht war ich dann im ersten Augenblick, als der Rektor uns »Auserwählten« eröffnete, er brauche uns für das Krippenspiel der Oberklassen als Schleppenträger für die Hl. Drei Könige! Aber auf ihre Art wurde dann natürlich auch diese »Bühnenerfahrung« eine aufregende und wichtige Sache.

Das Beispiel »Bühne« (was im Schwäbischen natürlich *Beene* ausgesprochen wird!) führt deutlich vor Augen, daß in vielen Fällen die Verständigungsschwierigkeiten zwischen Schwaben und Nichtschwaben nicht dadurch ausgeräumt sind, daß man das Mundartwort regelrecht in die Lautung der Hochsprache übertragen hat – sondern daß sie manchmal dadurch erst richtig beginnen!

Em Gegatoil!

Daß die Schwaben keineswegs immer grob und direkt sind, wie man es ihnen oft nachsagt, sondern sich sehr wohl auch auf die Kunst der Andeutung und der einfallsreichen Umschreibung verstehen, haben wir schon einige Male zeigen können. Besonderer Erwähnung wert ist aber noch die Neigung, einen Sachverhalt vom Gegenteil her zu betrachten, statt ihn direkt zu benennen. Vielleicht zeigt sich darin tatsächlich die von den Schwaben selbst oft als »Stammeseigenschaft« beanspruchte Begabung zum dialektischen Denken.

Da beanstandet jemand auf dem Markt die seiner Meinung nach sehr hohen Preise mit der Feststellung: *»Des isch au' net grad billig«;* bei einer Hochzeit gratuliert ein Freund dem Bräutigam überrascht und anerkennend: *»Dò hòsch aber koi' Wüeschta g'nomma!«* und ein Patient, der im Krankenhaus tagelang unangenehme Untersuchungen über sich ergehen lassen mußte, faßt diese Erfahrungen einem Besucher gegenüber in dem Satz zusammen: *»Des isch fei' nix Schees* (Schönes), *so ebbes!«*

Das mitgedachte Gegenteil – das ist beim Schwaben in vielen Fällen das mißtrauische Abwägen, welche Nachteile mit einem vielversprechenden Angebot verbunden sein könnten, denn er weiß: *»Jeder Epfel hòt an Butza!«* Da liest eine Frau beim Morgenkaffee ihrem Mann aus einem Prospekt vor, in dem in den leuchtendsten Farben eine Tagesfahrt ins Montafon angepriesen wird. *»Des wär doch ebbes fer nächsta Sonntig, moinsch net?«* fragt sie. *»Awa* (ach was), *dò hòckescht doch au' bloß wieder da ganza Dag em Bus!«* ist die Antwort. Nicht immer führt das »Denken in Gegensätzen« zu so schönen Pointen wie in der Redensart *Schenka ka' i dir s net – sonst ka'sch koi' Skonto meh abziaga!* oder in der folgenden kleinen Geschichte:

> Zu einer Zeit, als das Reiten noch nicht zum Volkssport geworden war, kommt eine Dame aus »besseren Kreisen« zu ihrer ersten Reitstunde. Sie ziert sich noch etwas, bevor sie sich zum ersten Mal in den Sattel heben läßt, und fragt den Reitlehrer: »Bekommt man denn vom Reiten auch wirklich keine Kopfschmerzen?« – *»Dò kann-i Sie völlig beruhiga – ganz em Gegatoil!«* lautet die überzeugende Antwort.

Am auffälligsten zeigt sich das Denken vom Gegenteil her in dem häufigen Gebrauch, den der Schwabe von der Ironie macht. Nur selten macht er sie ausdrücklich kenntlich wie in der oft zu hörenden Wendung: *»Des will-e dr grad noh glauba – aber s nächst Môl liagsch me net so a'!«* In der Regel ist es der Tonfall, der dem aufmerksamen Zuhörer signalisiert, wie es gemeint ist – zum Beispiel, wenn eine ausführliche Erklärung eines Sachverhalts kommentiert wird mit dem Satz: *»Dò wär-e jetz net amòl drufkomma!«* oder wenn jemand, der stundenlang »Nachbarschaftshilfe« geleistet hat, auf die Frage nach der »Erkenntlichkeit« mit der Redensart antwortet: *»Geld will-e koi's – wenn-e no òbeds recht müed be'!«*

Schon als Kind macht man die ersten Erfahrungen mit dieser Ironie. Noch habe ich den Tonfall im Ohr, mit dem mein Großvater rief: *»Wart, dir helf-e!«*, wenn ich als fünfjähriger Naseweis seine Taschenuhr in den Fingern hatte oder ein zufällig herumstehendes Beil an einem Baum auszuprobieren suchte. Es war klar, daß dieser Ausruf kein Hilfsangebot war und daß es sich sehr empfahl, gerade nicht zu warten, sondern schleunigst das Weite zu suchen. Ob ich auch den ironischen Satz: *»Du bisch mir a saubers Früchtle!«* zu hören bekam, weiß ich nicht mehr. Interessanterweise sagt man das kaum zu den eigenen Kindern oder Eltern – wohl in dem Bewußtsein, daß der Apfel nicht allzuweit vom Stamm zu fallen pflegt.

Im Alltag werden ironische Wendungen besonders gern benützt, um Ablehnung auszudrücken, vermutlich, weil es in diesem Fall als unangenehm empfunden wird, sich direkt auszudrücken. Das fängt an mit dem Kommentar *»Des hemmer gern!«*, mit dem man auf unerwünschte Sachverhalte und Situationen jeglicher Art reagieren kann, setzt sich fort mit einem mürrischen *wia b'stellt!*, wenn es zum Beispiel kurz nach Beginn einer Gartenparty zu regnen beginnt, und gipfelt in den vielfältigen Floskeln, mit denen Bitten und Angebote zurückgewiesen werden: *Jò freile!* (Ja, freilich!) oder *jò Mulle* (unübersetzbar) – beides eine ziemlich klare Verneinung! –; *sonst noh ebbes!; Pfeifadeckel!; grad noh!* – und in der sprachlichen Form schon wieder deutlicher: *Des müeßt me drucka!* oder *Dò hätt-e viel z doant!*

Manchmal sind die ironischen Äußerungen auch dann nicht eindeutig, wenn man die Ironie versteht: Da lädt jemand Kirschen ab, die er eben im *Güatle* geerntet hat. Er ruft den Nachbarn herbei, der eben vorbeikommt, füllt ein Pfund oder zwei in eine große Plastiktüte und fragt höflich, aber unvorsichtig *»Langt des?«* worauf er zur Antwort erhält: *»Oh, des ischt a Kleinigkeit en a Bettziach nei'!«*

Manche ironische Redensart aus dem bäuerlichen Leben muß man schon als bitteren Sarkasmus bezeichnen. Aus solchen Beispielen spricht der Witz derer, die erfahren mußten, daß es im Leben immer wieder dieselben trifft: *»Macht nix, wenn d Kuah vrreckt – nò hòt scho s Kälble meh Platz!«* oder *»Wenn d Henn no g'sond isch ond frißt, was braucht se nò Oier lega!«*

Wenn d Henn no g'sond isch ond frißt, was braucht se nò Oier lega!

Eba halt scho

Vielleicht ist in diesem Kapitel deutlich geworden, wieviele Schwierigkeiten das Schwäbische bietet, wenn man eine Äußerung wirklich verstehen will. Dabei haben wir eine Gruppe von Wörtern noch nicht einmal erwähnt, angesichts derer jeder Übersetzer graue Haare bekommen würde, wenn er einen natürlich gesprochenen Gesprächsbeitrag aus dem Schwäbischen in irgendeine Schriftsprache übertragen müßte. Im Schwäbischen wird nämlich, wie fast überall in spontan gesprochener Sprache, das inhaltlich Mitzuteilende in mannigfacher Weise gefärbt und modifiziert durch kleine Wörtchen, die man in der Sprachwissenschaft deshalb auch »Abtönungspartikel« nennt. Sie signalisieren uns, welche Einstellung der Sprecher zu seiner Sache, zu seinem Gesprächspartner und zur Situation hat. Wenn ein Vater von einem Streich seines Sohnes erfährt und ihn dann anschreit: *»Du Fetz, du elender!«*, dann klingt das, wenn der Klassenlehrer sich über den Sohn beschwert, viel gedämpfter; der Vater macht hier eine Art von »wattiertem Eingeständnis«: *»Ha, s ischt eba halt scho manchmòl a bißle an Fetz!«*, und wenn der Streich Folgen hat, die ausgebügelt werden müssen, kann er, zwischen Ratlosigkeit und Ärger schwankend, vielleicht äußern: *»Also des isch jetz scho grad au' a ganz domme Sach!«* Beim Übersetzen würde es reichen, zu schreiben: »Also das ist eine ganz dumme Sache!«. Denn mehr wurde der Sache nach ja nicht gesagt. Aber die ganze Verlegenheit des Mannes fällt damit unter den Tisch.

Da steht der Freund vor dem Haus und möchte die Tochter in die Disco abholen. Sie möchte ihn wissen lassen, daß sie »nur noch kurz aufräumen« muß. Sagen tut sie: *»I mueß bloß grad noh g'schwend a bißle aufraima!«* Und wir könnten befriedigt feststellen: *Ha des isch jetz erschd au' wieder a guats Beispiel!* Auch wenn es manchmal den Eindruck macht, als könnte man diese Abtönungswörter nach Belieben verwenden und gegeneinander austauschen – *s gibt nò doch scho au' wieder a baar Onderschied!* So sind *gell* oder *gelt* und *jò* bekräftigend: *Gell, des isch jò net so schwierig!* Dagegen sind *halt, eba, scho* und *erschd (noh)* Signale dafür, daß man etwas einräumt oder zugesteht – teils als Zugeständnis an die Meinung des anderen: *»Wenn du moi'sch, nò word's halt eba scho so sei'!«*, teils in zögerndem Abrücken von einer eigenen anderen Meinung: *»Ha des Kloid stòht dir erschd noh net amòl schlecht!«* Nachdruck verleiht man dem Gesagten mit den Wörtchen *fei'* (von »fein«) und *währle* (wahrlich): *»Des isch fei' a guats Lokal, dò ka'sch ruhig nei'ganga!«* oder *»Des hätte währle net denkt, daß der-s so weit brengt!«*

A bißle a Fetz

Eine merkwürdige Rolle spielt *oineweag,* das normalerweise mit »trotzdem« übersetzt werden kann, aber auch als Abtönungswort auftaucht: *»Des isch oineweag a schees Kloid!«* Gleichbedeutend wäre: *Des isch jetzt aber amòl a schees Kloid!* In beiden Fällen möchte man der Aussage Nachdruck verleihen, und man tut es, indem man sozusagen einem noch gar nicht geäußerten Einwand widerspricht. So kann *oineweag* ebenso wie *narr* oder *also* auch einfach als Redeanknüpfung dienen – es gibt Leute, die fangen auch in der Hochsprache einen Gesprächsbeitrag mit »nein« an, selbst wenn sie gar niemand widersprechen wollen. Im Schwäbischen verwendet man in diesem Fall oft *ja,* und zwar mit einem kurzen, hellen *a* im Unterschied zu dem langen *jò* der Bejahung und dem nur noch selten zu hörenden *jao* des bekräftigenden »doch«: *»Ja, was soll-e-dòdrzua saga...?« »Ja, wär eich dò ebbes Bessers ei'g'falla?«* In vielen Fällen könnte man statt *ja* auch *ha* sagen. Dagegen ist ein einleitendes *ja no...* wiederum das Zugeständnis, daß man sich mit einem Einwand der Gegenseite ernsthaft auseinandersetzen will.

Zu den Abtönungswörtern gehören schließlich auch noch *a'fanga* und *a'heba,* die beide, im Unterschied zum jeweiligen Zeitwort, auf der zweiten Silbe betont werden. Sie haben in dieser Verwendung etwa die Bedeutung von »allmählich«: *»Also des isch jetzt aheba* (oder *afanga) scho an rechter Dreck mit dera Baustell dò!«*

Teilweise formgleich mit den Abtönungswörtern sind die Füllwörter, mit denen in einer Unterhaltung Gesprächspausen überbrückt, Gesprächsbeiträge abgeschlossen oder eröffnet werden. Kabarettisten haben im übermäßigen Gebrauch dieser Füllwörter ein Kennzeichen des Schwäbischen zu erkennen geglaubt, und Willy Reichert und Oscar Heiler als »Häberle und Pfleiderer« entwickelten solche Füllwort-Dialoge geradezu zu ihrem Markenzeichen. Uns soll hier als Beispiel ein kurzer Text von Georg Holzwarth genügen:

Schwätza

Natierlich
freilich
ja ja
aha
äba
soso
wenn d moinsch
gelled se
aber wenn
no lesch bleiba
so isch no au wieder

Wenn älle so wäret wia i sei' sott

Wie Schwaben mit sich
und mit anderen umgehen.
Von der Lebenseinstellung der Schwaben.
Vom Grüßen.
Von der Zurückhaltung beim Loben.

Hosch du a Fasnet!

So sagt man im Schwäbischen, wenn sich jemand unnötige Umstände macht oder übertriebene Freudenäußerungen zeigt. Die in dieser Wendung mitschwingende Abwertung der Fasnet läßt vermuten, daß die in der Überschrift zitierte Redensart im altwürttembergisch-protestantischen Landesteil zu Hause ist. Die Vermutung erhärtet sich, wenn man gleichbedeutende Wendungen heranzieht wie: *»Hòsch du a Gugelfuhr«* (nach der Gugel, der Schelle an der Narrenkappe – also ein »Verhalten wie ein Narr«) oder *Hòsch du a Theater/ a Komeede!* Immer wird mit diesen Wendungen ein – nach Meinung des Sprechers – übertriebenes Getue getadelt. Aus dem letzten Beispiel spricht noch die altwürttembergische Ablehnung des Theaters als eines Orts der Zerstreuung, der Verstellung, der leichtfertigen Lebensfreude. Selbst der *Lebtag,* also in der wörtlichen Bedeutung ein Tag, an dem man »lebt«, genauer, »es sich gutgehen läßt«, wird in dieses Mißtrauen einbezogen: *»Dia hend an Lebtag ällaweil!«* heißt es zum Beispiel von einer Familie, die viel Besuch hat und gern feiert, und abschätzig-kühl kommentiert die alterskluge Tante die erste überschäumende Verliebtheit ihrer Großnichte: *»Hòt dui an Lebtag mit ihrem Udo!«* Immer klingt die unterschwellige Mißbilligung vermeintlich übertriebener Gefühlsäußerungen und offen gezeigter Lebensfreude durch. Allerdings spielt dabei oft ein Generationenunterschied mit: während »die Jungen« voll Begeisterung von einer Freizeit erzählen: *»Des war dir vielleicht ein Lebtag!«,* sagt die Großmutter, der der »Umtrieb« zu viel wird, in einem ganz anderen Tonfall: *»Oi Lebtag isch halt de ganz Zeit!«*

Die Warnung vor jedem Überschwang kann man in einem größeren Zusammenhang sehen. In unserer Zeit, die im Zeichen des Folklorismus zunehmend den Eindruck entstehen läßt, als sei die schwäbisch-alemannische Fasnet ein flächendeckendes Ereignis der Volkskultur, ist es empfehlenswert, sich an einschlägigen Beispielen aus der schwäbischen Mundart einmal genauer anzusehen, wie sich das Mißtrauen gegen das Närrische im alten Württemberg sprachlich niedergeschlagen hat.

Das Wort *Narr* wird am häufigsten im Gespräch als Einleitung einer Gegenrede verwendet: *»Narr, dem hätt-e aber d Moinong gsagt!»*oder *»Narr, dò muesch doch z'erscht amòl Fett en d Pfann doa!«* Da diese Gegenrede immer als Widerspruch ansetzt, kann die ursprüngliche Bedeutung des einleitenden *Narr...* in heutiger Sprache ungefähr mit »Du Dummkopf!« oder »So ein Dummkopf!« umschrieben werden. Meistens ist die Bedeutung heute stark abgeschwächt, und oft hat *Narr...* nur die Funktion der Redeanknüpfung, etwa vergleichbar mit *also...*

Klarer werden die Verhältnisse noch, wenn man sich das Eigenschaftswort *narret* anschaut. Während in den Fastnachtsgebieten *narret sei'* auch mit posi-

tiver Bedeutung das Narrenlaufen während der Fasnet meinen kann, bedeutet es in den übrigen Gebieten »Zorn, Ärger, Wut zeigen«, und noch vor nicht allzu langer Zeit wurde das Wort auch in gleicher Bedeutung wie *verruckt* (verrückt, geistesgestört) verwendet. Im übertragenen Gebrauch hat sich das noch gehalten, wenn man etwa als Beschenkter mit den Worten *Ha du bisch doch narret!* ausdrückt, daß man das Geschenk für »übertrieben« hält. Auch in der beliebten Redensart *no nix narrets!* finden wir wieder die Warnung vor Übertreibung, den Aufruf zur Mäßigung. Bezeichnenderweise wird nur in der Wendung *der schafft wia narret* das Wort mit positivem Beiklang verwendet. Offensichtlich ist bei der Arbeit nach schwäbischer Auffassung das Übertreiben erlaubt. Ansonsten scheinen die ständig zu hörenden Mahnungen *no gstät / gstat!* (nur langsam!) und – im südlichen Teil des Schwäbischen – *dua hofele!* (langsam, sachte, behutsam!) der schwäbischen Lebensauffassung eher zu entsprechen. *Närrsch / näsch* bezeichnet im Unterschied zu *narret* weniger das Verdrehte, aus dem Lot Geratene, den Zorn, als vielmehr einen hohen Grad der Erregung, sei es aus Ärger, Zorn oder Freude. Auf jeden Fall bezeichnet auch dieses Wort keinen Gemütszustand, der mit der erwünschten Stimmung bei einem fremdenverkehrswirksamen »närrischen Treiben« in Einklang wäre.

Schaffa wia narret

Daß sich der württembergische Schwabe mit dem Spaß schwer tut, zeigt auch der Bedeutungswandel des Wortes *g'späßig,* das im gängigen Sprachgebrauch seine Zugehörigkeit zum Wortstamm »Spaß« kaum mehr erkennen läßt. Es bezeichnet das »Wunderliche, Kauzige, Merkwürdige, Sonderbare« an einem Menschen. Auch hier wird also eine Abweichung vom »Normalverhalten« kritisch vermerkt.

Während man – wie die angeführten Belege andeuten – im Altwürttembergischen das Närrische im Menschen zu unterdrücken, auf alle Fälle aber zu bessern suchte, ließ ihm in den katholischen Landesteilen wenigstens die Fasnet freien Lauf – wohl in der Hoffnung auf den therapeutischen Effekt. Aus dieser Sicht wäre der in der Überschrift zitierten Redensart der in Rottweil zur Fasnetszeit übliche Gruß und Wunsch: *»A glückselige Fasnet!«* gegenüberzustellen.

Em Daubedicht

Daß wir *schaffig* (arbeitsam, fleißig) seien, lassen wir Schwaben uns ganz gern nachsagen, obwohl es gelegentlich auch Stimmen gab, die das Gegenteil behaupteten. Es ist über diese Eigenschaft des »Stammescharakters« schon so viel geschrieben worden, daß wir es hier mit einer einzigen Anekdote bewenden lassen wollen, die wir Karl Götz verdanken:

> Der Biberacher Hans Liebherr, in dessen Fabriken Krane, Bagger und anderes Baustellengerät hergestellt werden, ließ in Newport im amerikanischen Bundesstaat Virginia eine Fabrik aufbauen. In einer Besprechung wies ihn die Bauleitung darauf hin, daß die strengen amerikanischen Baubestimmungen verlangten, daß für alle Fabrikationsräume sichere Fluchtwege vorzusehen seien. Da rief Liebherr seinem Dolmetscher zu: *»Saget Se dene Dackel, bei uns wird g'schafft und net g'flüchtet!«*

Immerhin wird man zugeben müssen, daß es auch in bezug auf das »Schaffen« hierzulande wie anderswo *sottige ond sottige* gibt und mancher es insgeheim eher mit der Redensart hält: *»No net nomòl a Äckerle – lieber nomòl a Sofäle!«*

So ist es eigentlich nicht verwunderlich, daß es im Schwäbischen nicht nur für das dynamische und zielstrebige *Schaffa* eine Fülle treffender Ausdrücke gibt wie *wuahla, schufta, gruppa, sich schenda, sich abdackla, sich he'macha,* sondern auch für das Gegenteil!

Ein zu geringes Tempo beanstandet man (nicht nur bei der Arbeit) mit Wörtern wie *drohtla* (das fast gleichbedeutend ist mit *dreedla* »trödeln«, aber vom Zusammendrehen des Fadens beim Spinnen – vgl. Draht! – hergeleitet wird) oder *dreckla, net nòregao, rombohra.* Oft wird von Personen, die solche Verhaltensweisen an den Tag legen, festgestellt, sie seien *lommelig* (schlaff, träge, ohne Unternehmungsgeist), *doigig/doiget* (schwunglos, saft- und kraftlos – wie Teig!) oder *dalget* (wie Talg). Für solche Mitmenschen, die den Umtriebigen und Schaffigen natürlich auf die Nerven gehen, hält die Mundart auch die passenden Schimpfwörter bereit wie *Drohtler, Dreckler, Lommeler, Lòhle, Trieler, Schlorb, Bähmull* oder sogar *Lahmarsch* – alles Bezeichnungen für Leute, an denen man eine provozierende Langsamkeit und Schwunglosigkeit beobachtet.

Neben dem langsamen Arbeiten gibt es auch das ineffektive Arbeiten, dem es an Ernsthaftigkeit und Zielstrebigkeit fehlt. Da spricht man dann im Schwäbischen von *rombäberla, bubäbblera, dänderla, doggela, dauderla* – was nichts anderes besagen will, als daß der Betreffende seine Arbeit wie ein Kinderspiel (»Tand«, »Tändelei«, *Dock* = »Puppe«) betreibt. Freilich gibt es auch solche, die sich redlich bemühen, bei deren Arbeit aber einfach nichts *rausguckt.* In diesem Fall sagt man, daß einer *romgruppet,* ohne auf einen grünen Zweig zu kommen, oder *romgraomet.* Überhaupt scheinen die Zusammensetzungen mit *rom-* (als Gegensatz zum Zielstrebigen, Geradlinig-Effizienten) ein besonderes Maß an Mißbilligung zu enthalten, wie sich schon an *romhocka, romschwätza* sehen läßt und bei Ausdrücken wie *romlottera / romlottla* (faulenzen), *romlommla* und *romflätza* (herumlungern) mit Händen zu greifen ist. Noch stärker ist die negative Betonung, wenn man statt *rom-* eine Zusammensetzung mit *omenander-* verwendet.

Indessen hat das Nichtstun durchaus auch seine positiven Seiten, und das beliebte *dossa / doosa / deesa* (dösen, schläfrig sein, über etwas nachdenken) ist keineswegs so negativ wie das hochsprachliche »Dösen«. Vielmehr kann es auch im Sinne einer »schöpferischen Pause« verstanden werden, ebenso wie *dremmla* (träumen, leicht einnicken). Man weiß eben beim Schwaben nicht so recht, ob am Ende nicht doch noch etwas Rechtes daraus wird – wie bei so manchem Tüftler, dessen Bemühungen mit den anfangs zitierten Ausdrücken abqualifiziert werden, bis ihm eines Tages der Erfolg recht gibt. Die Leistungsbewußten und Zielstrebigen tun sich mit solchen Naturen seit jeher schwer und sind schnell bei der Hand mit einem abschätzigen Urteil. Eine der bildkräftigsten Redensarten dieser Art lautet: *»Des isch a Kerle wia dr St. Neff* (St. Nepomuk) *uf dr Bruck – deam hend d Spatza ens Fidla* (ins Hinterteil) *baut!«*

Dabei glückt bei aller Geschäftigkeit auch hierzulande noch manches *em Daubedicht* (ohne eigenes Zutun, gedankenlos, halb im Traum – genau-

St. Nepomuk

Au' oine, wo vor sich na'trielt (Albrecht Dürer: »Melancholia«)

genommen: taub vor Nachdenken!). Manches *Dossa* ist ein ernsthaftes *Sich-Henterdenka,* womit das grüblerische Sinnieren gemeint ist, zu dem wir Schwaben ja auch einen Hang haben sollen. Das verbreitete *Triela* aber, das zum »schaffigen Schwaben« im Grunde gehört wie das Ausatmen zum Einatmen, hat von allem etwas: von der tadelnswerten Schwung- und Lustlosigkeit wie von der schöpferischen Entspannung, vom geistlosen Zeitvergeuden wie vom meditativen Nachdenken. Wenn es freilich als *Romtriela* oder gar *Vor-sich-Na'-Triela* in Erscheinung tritt, dann ist ein ernsthafteres Stadium von Melancholie und Depression erreicht!

Klosterkirche Birnau: »Honigschlecker«

Koi' Schleckhaf'

»Des isch fei' koi' Schleckhaf(a)!« pflegte man früher zu sagen, wenn man mit gut schwäbischer Untertreibung zum Ausdruck bringen wollte, daß man eine Arbeit oder eine Lebenssituation als belastend und strapazierend empfand. Ganz anderes schwingt bei diesem Ausdruck mit als bei dem entsprechenden hochsprachlichen »kein Honiglecken«, dem ein bißchen die Vorstellung von etwas Klebrigem, allzu Süßem anhaftet. Der *Schleckhafa* als der Topf, in dem *Schleckereia,* also Süßigkeiten, aufbewahrt wurden, bleibt demgegenüber als Vorstellung unbestimmt genug, um als Inbegriff aller Köstlichkeiten, allen Wohllebens gelten zu können – damit aber auch schon eines verbotenen, fast lasterhaft erscheinenden Genießens.

Schleckig sein heißt nämlich nicht nur, auf etwas Gutes aus sein, sondern konsequenterweise auch: anderes nicht haben wollen, wählerisch sein, und das nicht nur beim Essen. Ein *schleckiges Mädchen* war eine, der keiner gut genug war. Der moralische Aspekt einer solchen Einschätzung wird ganz deutlich bei der bedeutungsähnlichen, aber stärkeren Redensart: *»Du bisch* *doch an hoikler Christ!«*, mit der einer bedacht wurde, der am Essen oder an sonst etwas herummäkelte, statt sich mit dem Gebotenen abzufinden.

Von ungefähr kam es freilich nicht, daß man ein solches Verhalten übelnahm. Die schwäbische Küche war in weiten Teilen recht bescheiden. Die Kleinbauern, kleinen Handwerker und Tagelöhner hatten oft genug Mühe, sich selbst und ihre Kinder satt zu bekommen, und die Auswandererzahlen des letzten Jahrhunderts zeugen davon, wie sehr man sich an das Sprichwort hielt *»S isch iberall guat Brot essa, wenn s dò isch!«* Die heute zur elterlichen Nötigungsfloskel gewordene Aufforderung: *»Iß, daß d ebbes wirsch!«* wurde früher oft auch mit dem herablassenden Stolz dessen, »der's hat« gegenüber den leibarmen Verwandten geäußert, die zu Gast oder in Pflege waren. Umso schwieriger war es, wenn jemand gar noch »Ansprüche stellte«. Da konnte es dann recht barsch heißen: *»Ha, dir sott ma' halt au' d Zong schaba mit ema Ziegelstoi'!«*

Da mochte man schon lieber einen beherzten Esser, dem man alles vorsetzen konnte. *Dapfer nei'haua, spachtla, schuba, mampfa, ebbes vrdrucka* können – das nötigte Respekt ab, zumal ein entschuldigendes *Wia ma' ißt, so schafft ma' au'* immer als Begründung zur Hand war. Aber zuerst einmal mußte überhaupt genug da sein. Die Sprichwörter: *S Gwoga ond s Gmessa isch bald gessa* und *Viel Hend send scho guet, bloß net en dr Schissel!* sagen deutlich genug, wie man in Zeiten des Mangels dachte.

Wenn's no au' langt!

Daß *g'sond ond g'fräß(eg)* nicht nur in der Redensart, sondern auch in Wirklichkeit zusammengehörten, war in solchen Zeiten eher als heute glaubhaft.

Ein »kraftloses, blasses Mädchen« wurde als *Schnaikle* bezeichnet, aber *schnaiket / schnaikig / schnaikerig* hieß soviel wie »wählerisch beim Essen, schleckig, heikel, leckerhaft« – auch hier sah man die Appetitlosigkeit mit moralischer Bewertung. Wenn es so jemand einfach nicht schmecken wollte – wer hätte das als Kind nicht erlebt – dann konnte man demonstrativ *gorgsa, worgsa* oder *da Hals strecka* (gängige Drohung: *»I mueß glei' spucka!«* »mich übergeben«), und wenn das nicht wirkte, mit dem Mut der Verzweiflung *kiefa / kiefla / kiefera* (kauen) und schließlich verzweifelt *daiba / daia wia a Kuah* (wiederkäuen).

Das Schwäbische kennt aber auch feinere Unarten beim Essen, angefangen beim *sirfla* (schlürfen – etwa bei der Suppe) zum *triela* (tropfenweise verschütten) auch: *sabbera* und *suggla* oder *läbbera* (verschütten, kleckern), was besonders bei einigen im Schwäbischen sehr geschätzten Formen der Nahrungsaufnahme leicht vorkommt: zum Beispiel beim *Nei'donka* von *Hefazopf* in den Kaffee oder beim *Ei'brocka* von Brot in die Milch. Das *Auszutzla* (Aussaugen) von ausgepreßten Zitronen oder Markknochen gehört auch zu den Eßweisen, die Sparsamkeit und Genuß zu verbinden wissen. Eine fast schon zärtliche Handlung ist es, wenn man *a Oile ausdupfa* kann. Dann läuft einem schon beim Zugucken *d Spucke em Maul z'samma! Schlotza* schließlich kann man im Schwäbischen nicht nur das berühmte Viertele, sondern auch ein Eis oder einen *Schlotzer* (Lutscher), auch ein *Bombole* (Bonbon), was hierzulande die Kleinkinder schon frühzeitig mit ihrem *Schlotz / Schnulle / Schnille / Bapf / Zapfa / Zäpfle* üben können, einem Gegenstand, den man in der Hochsprache mit »Beruhigungssauger« zwar sehr treffend, aber angesichts des hohen Affektwerts auch sehr unschön benennt. Während *schlotza* wenigstens teilweise mit »lecken« wiedergegeben werden kann, meint *schlecka* ganz allgemein alles, was man als »Lustgewinn durch Gaumenkitzel« umschreiben könnte. Und davon war schon die Rede.

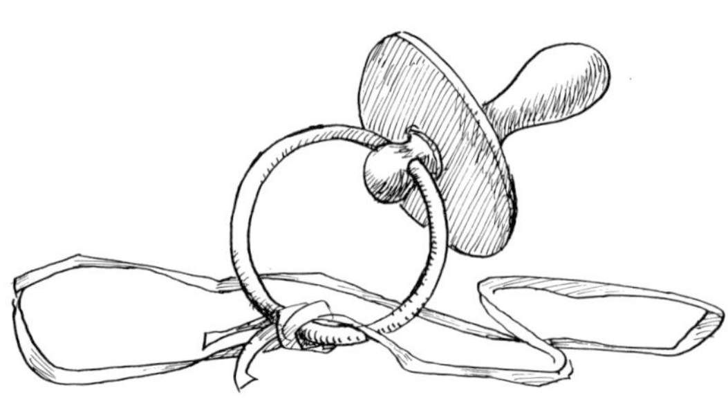

A Säckle Griaß

»Jetzt grüß Gott au'! Dò ben-e ond i han eich au' a ganz Säckle voll Griaß mitbròcht!« So kam meine Tante bei ihren seltenen Besuchen immer zur Tür herein. Und jedesmal war jemand da, der den Scherz noch nicht kannte und – in der »schlechten Zeit« wohlgemerkt, in der man froh war an »Naturalien« – erwartungsvoll nach dem Säckchen Ausschau hielt, das aber nirgends zu erspähen war. Es gab dann leider ein langes Gesicht, wenn die *Griaß* »ausgepackt« wurden vom Großvater, dem Onkel und allen Anverwandten. Später wurde der harmlose Scherz sozusagen als Ritual beibehalten, auch wenn längst niemand mehr darauf hereinfiel.

Das Grüßen auf schwäbisch ist ein Kapitel für sich und keinesfalls gleichbedeutend mit dem »Schwäbischen Gruß«. Dieser kann freilich nicht übergangen werden, weil er tatsächlich auch heute noch als Gruß verwendet wird, allerdings nur als Ausdruck freudiger Überraschung: *»Ha, jetz leck me no am Arsch, dr Albert!«,* worauf kräftiges Schulterklopfen und ein ebensolcher

Grabplatte des Götz von Berlichingen
im Kloster Schöntal

Händedruck folgen. Wird dieselbe Wortfolge mit *Oh* statt mit *ha* eingeleitet und mit leiser Stimme gegenüber einem Dritten geäußert, ist es kein Gruß, sondern die Andeutung, daß man sich jetzt am liebsten *hehlenge* (heimlich) verdrücken würde, um einer Begegnung aus dem Weg zu gehen. Es kommt im übrigen fast nur in diesen Fällen der Überraschung vor, daß der »Schwäbische Gruß« in vollem Wortlaut ertönt. Sonst wird er auf die mannigfaltigste Weise abgekürzt, angedeutet, umschrieben bis hin zu solchen Andeutungen wie: *»Witt me net...?«* und *»Du mi au'!«*

Heinz-Eugen Schramm, Ziehvater der Tübinger Gògenwitze, Mundartdichter und Kalendermann, hat viel Lebenszeit an die Erforschung des »Schwäbischen Grußes« gewandt und zu diesem Zweck sogar eine »Akademie« gegründet. Er führt ihn zurück auf uralte Formen des Abwehrzaubers und auf den Brauch des Huldigungskusses, als dessen demütigendste Form er aufgefaßt werden könnte. Wie dem auch sei – als Gruß im eigentlichen Sinn kann das Götz-Zitat, wiederum meist gekürzt oder umschrieben, auch am Ende einer Auseinandersetzung verwendet werden, zum Beispiel, indem man mit einem lauten: *»Ihr könnet mi älle!«* effektvoll den Raum verläßt.

Im allgemeinen tauschen aber auch Schwaben ganz andere Grüße aus. Als üblichste Begrüßung gilt immer noch überall und zu jeder Tageszeit *Grüß Gott!,* wenn auch in unterschiedlichen Abschleifungen und Verkürzungen. Das verbindet die Schwaben mit den Baiern und den Ostfranken, trennt sie aber scharf von den alemannischen und fränkischen Badenern, die auf ihrem *Daag!* bestehen. (In jüngster Zeit verbreitet sich aber offenbar »Grüß Gott« als Honoratiorengruß auch im Badischen.) Daneben sind, wie in der Hochsprache, die auf die Tageszeit bezogenen Grüße üblich, wobei *Godd Naacht, Godda Morga, Godden-Obed* selbstverständlich nur die lautlich abgeschwächten Formen von *guat* enthalten und nicht etwa das Wort »Gott«, wie manche meinen. Es ist jederzeit möglich, auch sehr betont zu sagen: *an guata Morga!* Auf diese Tageszeit- Grußformeln bezog sich die alte schwäbische Wendung *ma' bietet sich d'Zeit* für »man grüßt sich«.

Im Dorf, wo jeder jeden kannte, und wo man sich, je nach den Arbeiten, die gerade anfielen, oft viele Male am Tag sah, reichten so wenige Formeln für die erforderlichen Kontakte nicht aus. Man konnte an den Nachbarn nicht vorbeigehen, ohne ein Wort zu wechseln, denn man mußte ja zeigen, daß man nichts gegen sie hatte! Auf der anderen Seite konnte man auch nicht zehnmal am Tag zu den gleichen Leuten »Grüß Gott!« sagen oder ihnen dreimal hintereinander einen »Guten Morgen« wünschen. So entwickelte sich ein ganzer Vorrat an Fragen und Zurufen, mit denen man die freundliche Teilnahme am jeweiligen Tun und Treiben signalisierte – gleichzeitig kam darin aber auch die gegenseitige Kontrolle zum Ausdruck, denn natürlich schwang in einer Frage wie: *»So, deant-r Mischd fihra?«* je nachdem die billigende Feststellung mit, daß getan wurde, was gerade alle taten, oder die stillschweigende Mißbil-

So, deant-r Mischd fihra?

ligung einer Tätigkeit, die eigentlich nicht an der Reihe war. Bei aller Vielfalt waren die Fragen stereotyp, und ebenso waren es auch die Antworten. In einer Zeit, in der jeder von früh bis spät zu tun hatte, waren diese Kontakte im Vorbeigehen nicht darauf angelegt, ein Gespräch einzuleiten. Deshalb war eine floskelhafte Antwort nicht unhöflich, sondern zweckmäßig. Karl Häfner hat die typischen Formen des dörflichen Grüßens in einem Gedicht zusammengefaßt:

Mr bietet d Zeit

En o'sere Dörfer, dô tuet mr net grüeße',
dô hoaßt s, mr bietet oam d Zeit.
Was mr dô sage' soll, dees hôt mr müesse'
als Kend schao' lerne' beizeit.
Mr schwätzt mitnander, mr kennt oan jô guet,
gôht net bloß anander vorbei,
nemmt A'toal a' deam, was jeder grad tuet,
ond frôgt au, wie s Sach emder sei.
Wie saet mr, wenn oam ebber verkommt?
Mr saet: Kommet r? oder: Kommscht au?
s kommt ganz druf a', wear jetzt grad kommt,
e' Alts oder Jongs, e' Ma' oder Frau.

Mr saet: Geant r hoam? ond: Ganget r naus?
Wöllet r hoam zues? Wurds dürr? Geits reacht aus?
Was schaffet r? Wöllet r s packe'?
Haut s? so saet mr nô, wenn d Leut mähet.
Fleißich? ka' mr emder schier sage'.
Gôht s guet? wenn se zackret ond säet,
daß dr Ack'r sei' Fruucht soll trage'.
Dees send so Frôge' ond schier uf die älle
könnt d Antwort laute': Ja, ond: Ha jô.
So saget aber doch bloß de selle,
wo net wisset, wie mr sage' sott dô.
Ordelich, saet mr. E' bißle. s gôht schao'.
oder: Ha, s tuet s, ond au: Mr ischt zfriede'.
E' jeder woaßt jô, so will mr s halt hao',
so waltet em ganze' Ort nô dr Friede'.

In einer Zeit der flüchtigen und punktuellen Kontakte sind solche nuancenreiche Grußrituale allenfalls noch da und dort in kleinen Gemeinden und Gemeinschaften üblich. Heute hört man außer den eingangs genannten allgemeinen Grußformeln – vor allem bei jungen Leuten – *Hallo* und *Hae!,* die beide aus dem Amerikanischen übernommen wurden (wobei *hae!* im Schwäbischen schon früher als Ausruf der Überraschung üblich war). Verbreitet hört man mittags *Mahlzeit!* und sonst oft die Begrüßung mit dem bloßen Namen: *Karle!,* manchmal mit einem nachgeschobenen *grüeß de!* Erwarteten Besuch heißt man mit *Jetzt aber!* oder *Ha des ischt aber recht!* willkommen. Bei einer überraschenden Begegnung läßt sich auch *Dò guck na', d Lina!* verwenden (es muß auch in einem solchen Fall nicht unbedingt der »Schwäbische Gruß« sein!).

Für die Verabschiedung ist *adé* wohl noch immer die gebräuchlichste Form (von französisch »adieu«); in der Kindersprache lautet sie *ada!* Seltener kann man auch noch *bhüe Gott / bhüede Gott* und *leb wohl!* hören, ebenso *guade Zeit!,* meist als Zusatz zu einem anderen Abschiedsgruß. Alle diese Grußformen sind mehr oder weniger auf den vertrauteren Umgang beschränkt, in dem sie teilweise durch *Tschau* und *Tschüs* verdrängt werden. Im öffentlichen Bereich hat sich *Auf Wiedersehn!* weitgehend durchgesetzt.

Daß man dem Abschiedsgruß einen Wunsch beifügt wie *mach's guat, fahr guat, schlòf guat* ist nicht nur im Schwäbischen üblich. Eine Eigenart ist aber, daß man dem Gruß, wenn er mehreren gilt, ein *mitnander / mitenand / mitsamma* hinzufügt. Manche Leute freuen sich an der Pikanterie, die sich ergibt, wenn man bei bestimmten Gruppierungen das übliche *ond schlòfet guat mitenand* verwendet, das aber fast immer ohne Hintergedanken geäußert wird!

Net g'schempft isch globt gnuag

Das ist eine bei den Schwaben sehr verbreitete Einstellung, die sich auch in dem Sprichwort niedergeschlagen hat: *»Ma' lobt koin, außer er braucht's!«* Generationen von Lehrern und Lehrmeistern haben sich an solche Grundsätze gehalten – ein Lob hätte den Gelobten ja in den Kopf steigen können, und *Ei'bildong, an Grattel* (Hochmut, Dünkel) war insbesondere für die protestantischen Schwaben etwas Verwerfliches. So war es bei Schulräten alten Schlags schon fast eine Auszeichnung, wenn man aus ihrem Mund ein *recht!* oder gar *weiter so!* vernehmen durfte. Da galt eben das Sprichwort:

Wer g'lobt werda will, sott sterba;
wer g'schempft werda will, heiròta!

Diese Zurückhaltung, was das Loben angeht, gilt aber nicht nur für die zwischenmenschlichen Beziehungen. Auch Sachen werden nie überschwenglich gelobt. *Net schlecht!* zeigt schon einen hohen Grad an Zufriedenheit an, und *ma' ka's lassa!* bedeutet, daß eine Arbeit die kritische Prüfung bestanden hat. So schwer dem Schwaben das Loben fällt, so schwer fällt es ihm auch, ein Lob anzunehmen. Wenn ein neugebackener Eigenheimbesitzer voll Stolz sein *»Häusle«* zeigt und der Besucher dann versucht, seine Bewunderung in Worte zu fassen, kann es sein, daß unser Schwabe abwehrend und fast grimmig (wenn auch mit unterdrücktem Stolz) sagt: *»s war au' net billig!«;* und wenn der Besucher im Untergeschoß angesichts der großzügigen Sauna erneut in Begeisterung ausbricht, sagt der Häuslebauer ganz bescheiden: *»Dò sottet se mòl mei'm Bruader seine seha!«* Da wundert es einen dann nicht mehr, wenn er bei der Begutachtung der haushohen Natursteinmauer, die eine fast ebene Gartenterrasse ermöglicht, schon beschwichtigend vorwegnimmt: *»Wenn se no hebt!«*

Auch in bezug auf das eigene Befinden äußert man sich lieber vorsichtig. Wer wird auf die anteilnehmende Frage *»Wia gòht's?«* schon wahrheitsgemäß mit *»Guat!«* antworten – vor allem, wenn er auch noch ein eigenes Geschäft hat? Nein, da sagt ein rechter Schwabe *s duat's* oder *ma' isch z'frieda* oder, noch eine Stufe tiefer angesetzt, *s kennt schlemmer sei'!* Meine häufig bettlägerige Tante sagte, wenn sie sich einmal richtig wohlfühlte auf die Frage, wie es ihr gehe, sichtlich erfreut: *»Oh, recht oadelich* (ordentlich)!«

Die Lebenseinstellung, die aus solchen Äußerungen spricht, ist zum einen von einer langen kirchlichen Tradition geprägt, die Demut und Bescheidenheit als hohe Tugenden pries und lehrte, alles Wohlergehen als ein unverdientes Geschenk Gottes zu betrachten. Zum anderen schlägt sich darin die Erfahrung nieder, daß jedes Ding seine zwei Seiten hat – eine Erfahrung, die offenbar den Schwaben in seinem Hang, in Gegensätzen zu denken, besonders beeindruckt. Sehr anschaulich hat das Karl Götz in einer Anekdote dargestellt:

Im Bottwartal saß ein alter Weinzahn mit einem Wengerter am Tisch im »Rädle«, wo man sein Sach, Eßbares und Trinkbares, recht bekommt. »Ihr Wengerter habt's gut«, sagte der Mann aus der Stadt. »Gibt's wenig Wein, so verkaufet ihr ihn sündteuer. Ist er einmal billig, so habt ihr so viel davon, daß euch die Fässer überlaufen. Und so kommet ihr immer auf eure Rechnung.« Der Wengerter hob seinen Zeigefinger und sagte: *»Halt amol, grad umkehrt isch. Isch dr Wei teuer, noa hemmer net viel, hättet mr aber amol viel, noa kost er nix. So isch die Sach.«*

Und Thaddäus Troll erzählt, daß ein Bekannter, als er ihm sagte, seine Bücher gingen jetzt recht gut, teilnahmsvoll geseufzt habe: *»Des wird a Ei'kommenssteuererklärung geba em nächsta Johr!«*

Der Reiter in Gustav Schwabs berühmter Ballade »Der Reiter und der Bodensee« kann kein Schwabe gewesen sein. Denn den Schwaben begleitet überall ein ausgeprägtes Mißtrauen, und er muß sich fast zwingen, nicht immer mit dem Schlimmsten zu rechnen. Ihm wäre die weite Ebene des tief verschneiten zugefrorenen Sees gleich verdächtig vorgekommen. Und so trifft der bekannte Witz doch eine charakteristische Einstellung, in dem ein alter Mann, dem das Sterben schwerfällt, vom Dekan auf die bevorstehenden Freuden des Himmels verwiesen wird und diesem entgegnet: *»Oh, Herr Dekan, en letzter Zeit lobt ma's, moin-e, au' nemme so!«*

Ob mit den Freuden des Himmels oder mit den Qualen der Hölle – es ist nicht leicht, den Schwaben zu begeistern oder ihn einzuschüchtern. Das mußte auch der Pfarrer einer kleinen württembergischen Amtsstadt erfahren. Einer seiner Bauern kam mit seinem Pferdegespann am Pfarrhaus vorbei und trieb mit groben Flüchen seine *Gäul an: »Herrgottssakrament, laufet au', ihr Schendmärra!«* Mahnend rief ihm der Pfarrer von seinem Fenster herab zu: »Aber Herr Fink, wer wird auch so fluchen! Sie kommen in die unterste Hölle hinab!« Kurz und bündig erhielt er zur Antwort: *»Dò hätt dr Deifel viel Arbet, wenn-r ombeiga müeßt!«*

STATT EINES NACHWORTS

D Muatarsproch

I schwätz, wia miar der Schnabel gwachsa'n ischt
Und wia'n is hau' von meiner Muatar ghairt,
Und glaub, wear seiner Muater Sproch it aihrt,
Dear sei schau' weagadeam koi' reachter Chrischt.

In weler Sproch hot sui denn zua der gsait:
»Komm, Hoidabüable[1]), komm, mei liaber Schatz,
Do hoscht von miar da'n aischta Muatarschmatz!«
Wo sui di hot zua ener nei' ins Kissa glait?

In weler denn s klei' Büable s Beata glaihrt,
Vatrunser, Glauba und de zeah' Gebot,
Äll Morga gfrogat: »sag, wiavel sind Gott?«
Und was zum aischta Kinderlaihra ghairt?

Des, moin i, sott der doch noh z Heaza gauh',
Der Muatar süaßi Stimm und iahri Laihr.
Drum, Bruadar, gi der Muatarsproch iahr Aihr,
Und laß de Glaihrte iahri Mucka[2]) hau'.

As heancht[3]) a bitzle rouh iarmol,[4]) s ischt wohr,
Truiheazig aber ischt as denischt[5]) doch,
Und was ma' schwäbisch sait, beim reachta Loch
Muaß S Woat doch nous — jetz was isch füar a Gfohr.

Michel Buck

[1]) noch nicht getauft [2]) Grillen [3]) tönt [4]) dann und wann [5]) doch
Der Zwielaut ai steht für langes e oder ö: gehört, ehrt usw.

LITERATUR ZUM THEMA

Baur, Gerhard W.: *Bibliographie zur Mundartforschung in Baden-Württemberg, Vorarlberg und Liechtenstein.* Tübingen: Niemeyer 1978. (= Idiomatica 7)

Bausinger, Hermann: *Die Mundarten und ihre Bedeutung bis heute.* In: Schwäbische Heimat, 1985, Heft 4, S. 274–281.

Besch, Werner u.a. (Hrsg.): *Dialektologie. Ein Handbuch zur deutschen und allgemeinen Dialektforschung.* Bd. 1. 1 und Bd. 1. 2. Berlin/New York: de Gruyter 1982/83.

Blau, Sebastian: *Schwäbisch.* München: Piper 1936.

Bohnenberger, Karl: *Die Mundarten Württembergs. Eine heimatkundliche Sprachlehre.* Stuttgart: Silberburg 1928. (= Schwäbische Volkskunde 4)

Bohnenberger, Karl: *Die alemannische Mundart.* Tübingen: J. C. B. Mohr 1953.

Brechenmacher, Josef Karlmann: *Schwäbische Sprachkunde in ausgeführten Lehrbeispielen.* Stuttgart: Bonz 1925.

Feinäugle, Norbert und Eha, Thomas (Hrsg.): *Mei Sprooch – dei Red. Mundartdichtung in Baden-Württemberg.* Bühl: Konkordia 1989.

Fischer, Hermann: *Schwäbisches Wörterbuch.* Weitergeführt von Wilhelm Pfleiderer. 7 Bde. Tübingen: H. Laupp'sche Buchhandlung 1904–1936.

Fischer, Hermann und Taigel, Hermann: *Schwäbisches Handwörterbuch.* Auf der Grundlage des »Schwäbischen Wörterbuchs«. Tübingen: Laupp/J.C. B. Mohr (Paul Siebeck) 1986.

Frey, Eberhard: *Stuttgarter Schwäbisch – Laut- und Formenlehre.* Marburg: Elwert 1976.

Götz, Karl: *Schwäbisch von A–Z.* Bodman: Hohenstaufen-Verlag 1970.

Graf, R.: *Der Konjunktiv in gesprochener Sprache.* Form, Vorkommen und Funktion untersucht an Tonbandaufnahmen aus Baden-Württemberg, Bayrisch-Schwaben, Vorarlberg und Liechtenstein. Tübingen: Niemeyer 1977. (= Idiomatica 5)

Haag, Karl: *Die Grenzen des Schwäbischen in Württemberg.* Stuttgart: Wissenschaftl. Verlagsgesellschaft 1946. (= Schwäbische Volkskunde N.F. 8)

Häfner, Karl: *Heimatsprache.* Eine Mundartenkunde Südwestdeutschlands. Reprint. Reutlingen: Knödler 1981.

Häfner, Karl: *Vom schwäbischen Dorf um die Jahrhundertwende.* 2. Aufl. Reutlingen: Knödler 1981.

Kirchmeier, Monika: *Entlehnung und Lehnwortgebrauch untersucht am französischen Einfluß auf die württembergischen Mundarten und am württembergischen Einfluß auf die Sprache im Pays de Montbéliard.* Tübingen: Niemeyer 1973. (= Idiomatica 3)

Löffler, Heinrich: *Probleme der Dialektologie.* Eine Einführung. Darmstadt: Wissenschaftliche Buchgesellschaft 1974.

Moser, Hugo: *Schwäbischer Volkshumor in Stadt und Land, von Ort zu Ort.* 2. Aufl. Stuttgart: Theiss 1981.

Rahn, Fritz: *Der schwäbische Mensch und seine Mundart.* Stuttgart: Günther 1962.

Rahn, Fritz: *Hutzelbrot.* Ein schwäbisches Mundart-Lesebuch. Neuauflage. Stuttgart: Steinkopf 1973.

Ruoff, Arno: *Grundlagen und Methoden der Untersuchung gesprochener Sprache.* Tübingen: Niemeyer 1973. (= Idiomatica 1)

Ruoff, Arno: *Mundarten in Baden-Württemberg.* Tonkassette und Beiheft mit Transkriptionen, Kommentaren und einer Sprachkarte. Stuttgart: Landesbildstelle Württemberg 1983.

Schramm, Heinz-Eugen: *Schwäbisch für Reingeschmeckte.* Frankfurt/M.: Weidlich 1977.

Schramm, Heinz-Eugen: *Typisch schwäbisch.* Frankfurt/M.: Weidlich 1983.

schwädds. Mundart-Zeitschrift, hrsg. von Wilhelm König. Metzingen 1980ff.

Stadelmann, M.: *Orts- und Richtungsadverbien bei Siedlungsbezeichnungen.* Verbreitung und Funktion in oberdeutschen Mundarten. Tübingen: Niemeyer 1978. (= Idiomatica 6)

Troll, Thaddäus: *Deutschland, deine Schwaben.* Hamburg: Hoffmann und Campe 1968.

Troll, Thaddäus: *Preisend mit viel schönen Reden.* Hamburg: Hoffmann und Campe 1972.

Vogt, Friedrich E.: *Der Wandel in der Dorfsprache.* In: Württ. Jahrbuch für Volkskunde 1959/60.

Vogt, Friedrich E.: *Schwäbisch auf deutsch.* München: Bruckmann 1973.

Vogt, Friedrich E.: *Schwäbisch in Laut und Schrift.* Eine ergründende und ergötzliche Sprachlehre. Stuttgart: Steinkopf 1977.

Wendehals, Jakob und Knöpfle, Babette: *Schwaben-Spiegeleien.* Heilbronn: Salzer 1966.

Widmann, Gerhard (Hrsg.): *Schwäbisch vom Blatt für Schwaben und andere.* Wörter und Sprüch'. Stuttgart: Theiss 1983.

Zwerch, Sepp: *Allgäuerisch von A bis Z.* Kempten: Dannheimer 1988.

DANKSAGUNG

Autoren und Verlag danken den Copyright-Inhabern für die freundliche Genehmigung des Nachdrucks nachstehend aufgeführter Beiträge im Buch:

Verlag Hans O. Arnold, Göttingen
Anekdote *»Zwoideitig«* Seite 46; Anekdote *»Mit so Komplimenter…«* Seite 57; aus: Martha Arnold-Zinsler, *»Dr bäbbte Schlabbr«*, 1986.

Verlag Tobias Dannheimer, Kempten
»D Baabed auf dr Leich« Seite 66; aus: Sepp Zwerch, *»Allgäuerisch von A bis Z«*, 1988.

Deutsche Verlags-Anstalt, Stuttgart
»Dr letzt Schwob« Seite 12; *»Wochemärkt«* Seite 48; aus: Josef Eberle, *»Sebastian Blaus Schwobespiagel«*, 1981.
»Die trauten Laute« Seite 33; aus: Josef Eberle, *»Die trauten Laute«*, 1975.
»E Bhäber« Seite 43; aus: Josef Eberle, *»Die Schwäbischen Gedichte des Sebastian Blau«*, 1956.

Gerhard Hess Verlag, Ulm
»Mariele« Seite 98; aus: M. Schleker, *»Vom Müllersknecht zum Abgeordneten«*.

Hohenstaufen Verlag, München-Bodmann
Anekdote *»Der Biberacher...«* Seite 175; Anekdote *»Im Bottwartal...«* Seite 187; aus: Karl Götz, *»Heitere Heimat«*, 1983.

Verlag Karl Knödler, Reutlingen
»Schwäbische Nasalitis« Seite 19; aus: Friedrich E. Vogt, *»Schwabenfibel«*, 1982.
»Hochdeutsch und Schwäbisch« Seite 62; aus: Friedrich E. Vogt, *»Schwäbisch mit Schuß«*, 1974.
»Em Heuet« Seite 70; *»Mr bietet d Zeit«* Seite 184; aus: Karl Häfner, *»Vom Schwäbischen Dorf um die Jahrhundertwende«*, 1980.
»Kohlraisle« Seite 92; aus: Mathias Koch, *»Kohlraisle«*, 1980.
»Kleine Kräuterkur« Seite 96; aus: Bruno Gern, *»Des laß dr gsait sei«*, 1981.
»O dees wär schee« Seite 112; aus: Otto Keller, *»Sacha ond Sächla«*, 1978.
»Täätschzeit« Seite 117; aus: Friedrich E. Vogt, *»Täätschzeit«*, 1973.
»Schwätza« Seite 170; aus: Georg Holzwarth, *»Denk dr no«*, 1975.

Eigenverlag Wilhelm Karl König, Metzingen
»a mo« Seite 80; aus: Wilh. Karl König, *»wäär saets denn, daß dr frosch koene hoor hot«*, 1977.

Peter Schlack Verlag, Stuttgart
»familiade« Seite 163; aus: Peter Schlack, *»Urlaut von Sacha ond Leut«*, 1973.

Jürgen Schweier Verlag, Kirchheim/Teck
»E' Vergeßliche« Seite 89; aus: Peter Strick, *»Starker Tubak«*, 1978.

Rolf Staedele, Ebenweiler
»I ma mein Ma« Seite 43.

J. F. Steinkopf Verlag, Stuttgart
»Der wortkarge Bräutigam« Seite 47; *»Unerschrockenheit«* Seite 55; aus: Fritz Rahn, *»Hutzelbrot«*, 1984.

Anekdote *»In meiner Jugend…«* Seite 133; aus: Theodor Haering *»Schwabenspiegel«*, 1975.

Stieglitz Verlag, Mühlacker
Anekdote *»Einer unserer besten Maler…«* Seite 15; Anekdote *»Ein Mädchen…«* Seite 36; Anekdote *»Da kam uns ein Mann…«* Seite 109; aus: Karl Götz, *»Schwäbisch von A bis Z«*, 1989/90.

Konrad Theiss Verlag, Stuttgart
Anekdote *»Neulich wurde ich…«* Seite 149; aus: Gerhard Widmann, *»Schwäbisch vom Blatt für Schwaben und andere«*, 1983.

Ulrich'sche Buchdruckerei, Riedlingen
»D Muatarsproch« Seite 189; aus: Michel Buck, *»Bagenga«*, 1984.

BILDNACHWEIS

Gerhard Bäuerle 39, 44, 86, 89, 91, 115, 121, 129, 165, 168
Kunstmuseum Basel (Depositum der Ciba-Geigy AG)
Albert Anker: »Die Dorfschule« (1898), Fotograf Hans Hinz 101
Roland Bauer 73
Bruckmann Bildarchiv 155
Cornelsen-Verlag (Putzger Histor. Weltatlas) 26
Rudolf Feigl 24
Ernst Fesseler 171
Berthold Gauder 17, 40, 145, 150 o., 173 o.
Karten: 21, 26, 30, 32, 67
Foto Holder 37, 113
Landesbildstelle Württemberg, Stuttgart 59, 95, 182
H. Laupp'sche Buchhandlung/ J. C. B. Mohr (Paul Siebeck): Raumgliederung der schwäbischen Mundart. (Karte aus: Schwäbisches Handwörterbuch, Tübingen 1986.) 28
Hans E. Laux 92
Bürgermeisteramt Meckenbeuren (Karl Gälle) 46
Peter Neumann 61
Bildarchiv Paysan 76
Thomas Pfündel 9, 49, 70, 79, 93, 106, 116, 131, 133, 140/141, 143, 174, 176
Bildarchiv Preussischer Kulturbesitz 23, 53
Städt. Kunstmuseum Spendhaus Reutlingen 15
Gemeindeverwaltung Rutesheim 33
Toni Schneiders 178
von Schoenebeck 136
Sirius Bildarchiv/Döbelin 77
Staatsgalerie Stuttgart 11, 45, 158/159, 177
Peter Stecher 51, 69, 74, 85, 125, 149, 153, 157, 169
Karin Stellwag 142
Historisches Bildarchiv Elyane Werner 109, 179

Die Zeichnungen stammen von Hans Helferstorfer

REGISTER

Mundart und Humor im DRW-Verlag

Wolfgang Brenneisen, Peter Ruge

G'schimpft und g'lacht

Nun sind es schon vier Bände, in denen Karl-Friedrich und Babette ihre Weisheiten über die Schwäbische Lebensart kund tun. Im vierten Band widmen sie sich dem »Heiligs-Blechle«. Auch hier ist das schwäbische Ehepaar nicht um fachmännische Auskünfte verlegen – nicht umsonst haben zahlreiche Autokonzerne im schönen Schwaben ihren Sitz! Eine lustige und vielfältige Textsammlung, mit spitzer Feder illustriert von Peter Ruge auch zum Vorlesen und Vortragen geeignet!

... über's Heiligs-Blechle

ca. 80 S., mit ca. 30 z. T.
ganzseitigen Zeichnungen, geb.
ISBN 3-87181-533-0

... über's Geld

88 S., mit 37 z. T.
ganzseitigen Zeichnungen, geb.
ISBN 3-87181-466-0

... über'd Verwandtschaft

88 S., mit 20 z. T.
ganzseitigen Zeichnungen, geb.
ISBN 3-87181-400-8

... über'd Kehrwoch'

80 S., mit 32 z. T.
ganzseitigen Zeichnungen, geb.
ISBN 3-87181-490-3

Albin Braig

Bloß a bißle nochdenkt

96 S., 10 Abb., geb.
ISBN 3-87181-361-3

Schwäbische Geschichten über Gott und die Welt – vom bekannten Kabarettisten und Schauspieler Albin Braig.

Mundart und Humor im DRW-Verlag

Wulf Wager

Schwäbische Musikanta Witz'

ISBN 3-87181-581-0

Schwäbische Wirtshaus-Witz'
Band 1

ISBN 3-87181-471-7

Schwäbische Wirtshaus-Witz'
Band 2

ISBN 3-87181-479-2

Trink Sprüche'

ISBN 3-87181-472-5

Fasnets Sprüch'

ISBN 3-87181-492-X

Mit seinen Witz- und Sprüchesammlungen zeigt der Moderator Wulf Wager, was dabei rauskommt, wenn man »dem Volk aufs Maul schaut«. Vielfältige und teils derbe, teils schlagfertige Sprüche und Witze aus den unterschiedlichen Lebensbereichen. – Ein humorvoller Beitrag zur Kultur des Landes.

Huber

Schmunzeln bremst Runzeln
Band 1

ISBN 3-87181-368-0

Schmunzeln bremst Runzeln
Band 2

ISBN 3-87181-450-4

Schwäble

Ebbes zom Lacha, Band 1

ISBN 3-87181-254-4

Ebbes zom Lacha, Band 2

ISBN 3-87181-272-2

Ebbes zom Lacha, Band 3

ISBN 3-87181-287-0

Ebbes zom Lacha, Band 4

ISBN 3-87181-406-7

Ebbes zom Lacha, Band 5

ISBN 3-87181-460-1

Ein Mann rennt die Straße hinunter. »Peter, was sauschd denn du so!« ruft ihm ein Bekannter vom Gehsteig aus zu. »I bend hender main Auto her. Des hod mir grad oiner klaut!«, keucht der Gefragte. »Aber des kaschd doch du z Fuaß ned aihola?« »Do kennschd du aber mai Auto schlecht!«

Die kleine DRW-Reihe wird laufend ergänzt, Stand mit Erscheinen des Buchs.

D R W